JOÃO PINHEIRO DE BARROS NETO

GESTÃO DE PESSOAS 4.0

Freitas Bastos Editora

Todos os direitos reservados e protegidos pela Lei 9.610, de 19.2.1998.
É proibida a reprodução total ou parcial, por quaisquer meios, bem como a produção de apostilas, sem autorização prévia, por escrito, da Editora.

Editor: Isaac D. Abulafia
Diagramação e Capa: Madalena Araújo

Dados Internacionais de Catalogação na Publicação (CIP)
de acordo com ISBD

B277g	Barros Neto, João Pinheiro de
	Gestão de Pessoas 4.0 / João Pinheiro de Barros Neto. - Rio de Janeiro, RJ : Freitas Bastos, 2022.
	194 p. ; 15,5cm x 23cm.
	ISBN: 978-65-5675-165-8
	1. Administração. 2. Gestão. 3. Gestão de pessoas. I. Título.
2022-1866	CDD 658.3
	CDU 658.3

Elaborado por Odilio Hilario Moreira Junior - CRB-8/9949

Índice para catálogo sistemático:
1. Administração : Gestão de pessoas 658.3
2. Administração : Gestão de pessoas 658.3

Freitas Bastos Editora
atendimento@freitasbastos.com
www.freitasbastos.com

SUMÁRIO

9 INTRODUÇÃO

13 O MERCADO ATUAL DE RECURSOS HUMANOS

35 EMPLOYER BRANDING: MARCA EMPREGADORA

47 PLANEJAMENTO EM GESTÃO DE PESSOAS

59 EMPLOYEE EXPERIENCE:
A EXPERIÊNCIA DO COLABORADOR

71 TREINAMENTO E DESENVOLVIMENTO

87 DESCRIÇÃO E ANÁLISE DE CARGOS

99 RECRUTAMENTO E SELEÇÃO

111 CONTRATAÇÃO E INTEGRAÇÃO (ONBOARDING)

121 AVALIAÇÃO DE DESEMPENHO

133 RECOMPENSAS

145 RELAÇÕES COM AS PESSOAS

155 HIGIENE, SAÚDE E SEGURANÇA DAS PESSOAS

165 GESTÃO E RETENÇÃO DE TALENTOS

177 GESTÃO POR INDICADORES: OKR E
KPI NA GESTÃO DE PESSOAS

189 CONCLUSÃO

APRESENTAÇÃO

As teorias sobre RH continuam importantes e válidas, porém, as práticas mudaram radicalmente já não se pode mais fazer gestão de pessoas como há dez anos, basta olhar ao redor com atenção para compreender que o mundo do trabalho mudou muito: *home office*, uberização, trabalhabilidade ao invés de empregabilidade, plataformização do trabalho, trabalhadores *cross borders*, literacia digital, pejotização etc.

O emprego como conhecemos hoje e a Gestão 1.0 surgiram por volta dos anos 1760 com o advento da máquina a vapor que mecanizou principalmente a agricultura e a produção têxtil, abrindo as portas para a urbanização e o crescimento das cidades ao tempo em que esvaziou o campo. Foram as décadas da energia a vapor que acelerou os transportes e diminuiu distâncias com ferrovias e embarcações fluviais e marítimas. Não existia a gestão de pessoas, apenas empregados de fábricas que trabalhavam a troco de remunerações ridículas sem benefícios nem segurança, assim era a gestão 1.0 e essa foi a Primeira Revolução Industrial.

Nos anos 1800 chegou a Segunda Revolução Industrial e a Gestão 2.0 que foi uma época de ciência e produção em massa impulsionada pela energia elétrica. Várias invenções fantásticas, para aqueles tempos, existem até hoje: motor a combustão interna, aviões, produtos químicos, rádio, telefone etc. Surgiu a Administração como ciência com os estudos de Frederick Taylor, Fayol e Henry Ford com a linha de montagem de automóveis. Esses engenheiros trouxeram para a gestão o método científico: observar, medir, testar hipóteses para aplicar o que dava certo e descartar o que dava errado. Na Gestão 2.0 as pessoas eram tratadas cientificamente como apêndices das máquinas.

A Terceira Revolução Industrial e a Gestão 3.0 demorou um pouco e só chegou na década de 1950, com a invenção dos semicondutores que viabilizou o desenvolvimento da computação e das tecnologias digitais. Por incrível que pareça, nessa época começaram os primeiros estudos sobre inteligência artificial e a substituição do analógico pelo digital. As pessoas passaram a ser consideradas seres complexos com múltiplas motivações e talentos que poderiam ser utilizados no trabalho para impulsionar a produtividade e a qualidade.

Finalmente, não se sabe exatamente desde quando, chegamos à Quarta Revolução Industrial, que deve ter começado no início do século XXI. Ela é caracterizada pela velocidade, conectividade, convergência das tecnologias e custos decrescentes. Tais características estão transformando literalmente tudo de maneira mais rápida e profunda do que as outras três revoluções anteriores e exigem uma nova maneira de fazer gestão que é a 4.0.

Coisas cada vez mais conectadas (mal passamos pelo 4G e vem o 5G) e inteligentes (algoritmos extremamente potentes) estão nos permitindo construir assistentes virtuais, carros autônomos e coisas inimagináveis até alguns poucos anos atrás. O mundo físico, digital e biológico começa a se confundir por meio da tecnologia.

Podemos elencar pelo menos as seguintes tecnologias que estão gerando inovações disruptivas e que estão impulsionando essa quarta Revolução: biotecnologia, *blockchain*, impressão 3D, inteligência artificial (IA), internet das coisas (IoT), tecnologias computacionais como machine *learning* e *big data*, materiais sintéticos, realidade virtual, realidade aumentada, robótica, transmissão, armazenamento e captura de energia.

O conjunto dessas tecnologias está aumentando exponencialmente a produtividade e reduzindo custos, tornando a vida melhor, mas também levantando muitas questões morais e éticas sobre as inovações que, pela primeira vez, estão substituindo o ser humano não só em atividades repetitivas e manuais, mas também em atividades que exigem aprendizado.

Esse é o mundo das altas expectativas, todos querem mais e melhor e não há limites para essas exigências. Se uma resposta demorar dez minutos é tempo demais e se uma entrega não ocorre em horas já é motivo de insatisfação. Os talentos agora são super exigidos e a Gestão de Pessoas 4.0 tem como desafio encontrar e reter esses talentos mantendo-os produtivos e engajados, usando dados e inteligência artificial para alcançar esses objetivos.

O convite é para você mergulhar na Gestão de Pessoas 4.0 e se tornar um bom gestor de pessoas, antes que chegue a Gestão 5.0, que já deve estar se delineando.

JOÃO PINHEIRO DE BARROS NETO
O autor

INTRODUÇÃO

GESTÃO DE PESSOAS: FOCANDO NA EXPERIÊNCIA DO
COLABORADOR PARA POTENCIALIZAR O CAPITAL HUMANO

Mesmo na era digital, em que a inteligência artificial se propõe a substituir de vez o ser humano, a verdade é que as pessoas continuam a ser e ainda serão por muito tempo o principal fator de sucesso das organizações.

Em um mundo de negócios cada vez mais competitivo e complexo, encontrar os talentos certos significa literalmente um grande desafio que não termina com a contratação, pois é preciso manter essas pessoas engajadas e produzindo em toda sua potencialidade.

Por isso, se deve entender e tratar o colaborador, como um cliente da área de gestão de pessoas, cujo relacionamento e experiência tem início desde o primeiro contato com a empresa e continua até mesmo após um eventual desligamento.

Afinal, o sucesso dos colaboradores contribui para o sucesso da empresa e vice-versa, isto é, o sucesso da empresa também contribui com o sucesso dos colaboradores e é por isso que cada vez mais organizações estão investindo no que se chama de *Employee Experience* – EE.

É fato que as empresas estão demandando cada vez menos empregados devido à automação e uso da inteligência artificial, porém, estão exigindo dos poucos que contratam competência e engajamento em níveis difíceis de encontrar, portanto, quando conseguem achar os talentos que tanto procuravam, não podem se dar ao luxo de perdê-los, por isso, por todo o livro tratamos da experiência e da jornada dos colaboradores.

A proposta desse livro é apresentar e discutir a jornada do colaborador sob a ótica de um RH inovador e eficaz que trata as pessoas como clientes a fim de que o capital humano realmente gere retornos positivos acima da média e por longo prazo.

A ideia aqui é repensar a relação entre a empresa e seus colaboradores adotando uma visão holística de toda a jornada das pessoas na, e com a organização com a qual decidiram compartilhar boa parte de suas vidas.

Por outro lado, ao implementar essa visão, o RH se torna um verdadeiro parceiro de negócios da empresa ao praticar uma gestão de pessoas mais inteligente e alinhada às estratégias de negócios da organização, pois garantirá uma força de trabalho mais motivada, produtiva e competente.

O livro está dividido em catorze capítulos que correspondem aos principais processos de gestão de pessoas, além desta introdução, da conclusão e da bibliografia que pode ser considerada como uma relação de leituras complementares para quem desejar se aprofundar mais em qualquer dos temas discutidos nesta obra.

O conteúdo dos capítulos aborda os seis macroprocessos tradicionais de RH (Agregar, Aplicar, Recompensar, Desenvolver, Manter e Monitorar pessoas), mas com um enfoque das práticas mais modernas que os livros clássicos de RH não tratam, por serem muito recentes e algumas até não consolidadas, mas já em uso em algumas organizações.

Assim, não se trata de um livro clássico de Administração de Recursos Humanos – RH, mas um texto complementar que apresenta e discute as práticas mais recentes da área de gestão de pessoas, mais objetivo e direto e de leitura fácil que será muito útil aos profissionais do próprio RH, aos líderes e gestores de pessoas, que precisam se atualizar, mas também a todos que desejem ou precisem saber mais sobre as tendências da moderna gestão de pessoas. Interessará, portanto, igualmente a estudantes e professores de Administração, Gestão, Negócios, Comportamento Organizacional que precisam adquirir conhecimentos.

Desejo uma leitura prazerosa e um aprendizado proveitosos.

O MERCADO ATUAL DE RECURSOS HUMANOS

O mundo todo tem passado por grandes mudanças e transformações, que se tornaram cada vez mais rápidas e radicais, um exemplo recente é a pandemia de Covid-19 que literalmente abalou as estruturas de nossa sociedade e fez com que todos nós, do dia para a noite, tivéssemos que rever conceitos, crenças e hábitos. Quem passou nesse teste mortal sabe que a vida ficou diferente (se para melhor ou pior, só o tempo dirá).

Mas a verdade é que se nós, as pessoas, mudamos e nos adaptamos, também as empresas, as relações de trabalho e o mercado de recursos humanos mudaram ou estão tendo que mudar, não por causa do vírus unicamente, mas principalmente porque a tecnologia, essa sim o grande vetor da mudança, já vinha mudando a nossa forma de viver, de se relacionar e, mais recentemente, dizem alguns, até a nossa maneira de sermos humanos.

Nesse contexto, o *home office*, teletrabalho ou trabalho remoto, tornou-se uma realidade que muitos só esperavam acontecer para valer na próxima década, porém, a necessidade de continuar trabalhando durante uma pandemia nos fez enxergar novas formas de atuação e possibilidades infinitas dentro e fora de nossas profissões, de fato, até surgiram novas profissões de uma hora para outra.

Realmente o *home office* que até então era considerado um benefício ou exceção, passou a ser encarado como o local de trabalho normal com vantagens para todas as partes envolvidas:

ganha a empresa (redução de custos, maior produtividade), ganham os empregados (redução de despesas, qualidade de vida) ganha até a sociedade (menos trânsito, menor poluição).

Mas nem tudo são flores, o mercado (qualquer que seja o mercado do qual estamos falando) tornou-se muito mais competitivo. No mercado de trabalho, se antes tínhamos que competir com outros profissionais, agora temos que competir com máquinas que aprendem e com robôs que já conseguem fazer inúmeros trabalhos, antes exclusividade de seres humanos, com muito mais precisão, rapidez e qualidade.

E não estamos falando somente de atividades pesadas, repetitivas e maçantes que, verdade seja dita, nunca deveriam nem mesmo ter sido executadas por um ser humano de tão penosas que são, como, por exemplo, carregar pedras para construção ou conferir lançamentos em uma planilha o dia todo, dia após dia. Hoje até cirurgias são realizadas por robôs.

Assim, aos poucos, o trabalho *commodity*, ou seja, aquele tipo de trabalho que qualquer um pode fazer (até máquinas e robôs) vai sumindo (embora já tenha empregado milhões de trabalhadores) e vão surgindo outros trabalhos muito mais complexos e exigentes, mas não são todos que conseguem assumi-los. Isso leva ao que se chama de precarização do trabalho, isto é, um trabalho mal remunerado realizado em condições inseguras.

Como curiosidade, a palavra *commodity* vem do inglês, mas o mundo todo a usa para designar matérias-primas ou produtos básicos que não foram industrializados, isto é, não se diferenciam independente de sua origem ou de quem os produziu, tendo seu preço determinado uniformemente pela lei da oferta e da procura.

É importante entender que um trabalho só se torna precário se ele antes se tornou *commodity*. Conheço médicos especialistas que cobram por uma consulta de trinta minutos o valor de dois mil reais, mas também conheço médicos que recebem por uma consulta de dez minutos o valor de quarenta reais. Uso o exemplo do médico porque só se tornam profissionais depois de seis anos de estudos numa rotina pesada. Para efeito de comparação, imagine que o primeiro médico faz uma jornada de oito horas por dia em seu consultório e consegue atender doze pacientes com muita calma e tranquilidade, auferindo vinte e quatro mil reais por dia. O segundo médico faz uma jornada de dez horas por dia e atende seis pacientes por hora (não para nem para almoçar, faz um lanche no próprio escritório) e consegue dois mil e quatrocentos reais por dia.

Por que será que há diferença tão grande entre a remuneração e a carga de trabalho entre o primeiro e o segundo médico? A resposta direta é que receitar um analgésico mais forte ou até um antibiótico, é *commodity* na medicina.

Assim, o mercado de trabalho é o mercado de vagas oferecidas pelas empresas e o mercado de recursos humano é o mercado de pessoas buscando colocação e, na verdade, se pensarmos um pouco, vamos ver que ambos os mercados são os dois lados de uma mesma moeda, pois um depende do outro e não existem independentemente.

Esse mercado é extremamente dinâmico porque as empresas precisam de pessoas para funcionarem e as pessoas precisam das empresas para trabalharem. As organizações escolhem as pessoas que desejam ter como funcionários, e as pessoas escolhem as organizações nas quais pretendem trabalhar e dedicar sua energia, esforços e competências.

Como se vê, estamos falando de uma barganha cuja situação ideal é o modelo ganha-ganha com benefícios recíprocos. Mas no mundo real, essa troca depende de infinitos fatores e circunstâncias, de modo que nem sempre se chega ao ideal.

Então, para que essa permuta de interesses seja viável é preciso que haja organizações precisando de pessoas e pessoas precisando de organizações. No entanto, esse mecanismo não é tão simples quanto parece, pois além das empresas e das pessoas há outros elementos intervenientes.

Por exemplo, o mercado de trabalho e o mercado de recursos humanos precisam respeitar as regulações e restrições legais, além do mais os objetivos das pessoas e das empresas nem sempre convergem. Aliás, por princípio existe uma divergência subjacente em toda relação de trabalho: as empresas querem receber o máximo possível e as empresas querem pagar o mínimo possível.

Voltando ao exemplo dos dois médicos, há uma questão que talvez tenha passado desapercebida: o primeiro médico cobra por seus serviços e o segundo recebe pelo serviço prestado. Costumo dizer que quem cobra, cobra quanto quer e quem recebe, recebe o quanto os outros estão dispostos a pagar. Deve-se, portanto, atentar que os profissionais que procuram empregos no mercado de trabalho precisam se sujeitar às regras e interesses do mercado.

Na verdade, a legislação existe justamente para evitar que o livre mercado não permita que quem detém o poder econômico pague apenas o necessário à subsistência de quem só tem, em termos de trabalho, uma *commodity* para oferecer. Quando a máquina a vapor mostrou que podia substituir a força física de animais e humanos nos idos de 1776, ela transformou o trabalho braçal em uma *commodity*. Desde então a máquina vem eliminando muitos empregos nessa área e os que sobram são muito mal remunerados.

Agora o receio é de que a inteligência artificial substitua a inteligência humana e isso já vem complicando cada vez mais o mercado de trabalho e o de recursos humanos. Mas pelo menos por enquanto, mesmo as máquinas que aprendem apenas são capazes de nos substituir em atividades que não exigem criatividade, emoção e, principalmente imaginação.

A Uber só está a poucos passos de substituir essa nova profissão de motorista de aplicativo porque dirigir é um conjunto de regras e padrões que devem ser observados. Manter uma distância segura de vinte metros do carro da frente, não ultrapassar o limite de velocidade, respeitar a sinalização, dar seta para mudar de direção enfim, seguir o manual do bom motorista garante que 99% dos acidentes não irão ocorrer. E é para isso que servem os algoritmos das máquinas: garantir que elas seguirão o que foi definido.

Por isso está se tornando tão fácil substituir motoristas por robôs de software, afinal, dirigir é uma tarefa repetitiva e máquinas são muito melhores que humanos para realizar esse tipo de tarefa. Já pilotar um carro de Fórmula 1 com emoção, criatividade e imaginação, esse é um trabalho (ou prazer) para um ser humano, que o diga o nosso saudoso Ayrton Senna da Silva que fazia toda uma geração de brasileiros acordar cedo aos domingos para vê-lo pilotar e torcer.

Até recentemente era muito fácil saber o comportamento de um dos mercados que estamos tratando aqui em função do outro, isto é, se um mercado estava bom o outro estava ruim e vice-versa, mas essa questão de bom ou ruim gera muita confusão e dúvidas, porque estamos falando de algo relativo, assim, é preferível falamos em mercado em situação de procura ou mercado em situação de oferta. Vamos entender isso melhor.

Se o mercado de recursos humanos está em oferta, isto é, tem muita gente procurando emprego isso é bom para as empresas que não precisam procurar muito nem pagar mais por profissionais qualificados. As pessoas por sua vez, demoram a encontrar um emprego, sujeitam-se a ganhar menos, receber menos benefícios, procuram segurar o emprego que têm a todo custo e por aí vai.

E se o mercado de recursos humanos está em situação de procura, ou seja, há poucos profissionais qualificados disponíveis em relação às necessidades das empresas, estas têm que oferecer melhores salários e benefícios para poderem atrair e reter os poucos candidatos ou até mesmo fazer investimentos adicionais para convencer a pessoa a sair de uma empresa e entrar em outra.

Agora vamos assumir a ótica do mercado de trabalho em situação de oferta, ou melhor, há muitas vagas em aberto, existem mais oportunidades de emprego que pessoas interessadas, disponíveis e capacitadas. Nessa situação as empresas precisam competir umas com as outras para conseguir obter candidatos, então não tem jeito para elas que vão necessitar investir alto para atrair, recrutar, selecionar e reter as pessoas. Muitas empresas precisarão até reduzir os requisitos e exigências para conseguir preencher as vagas e investir ainda mais em treinamentos e desenvolvimento para qualificar as pessoas que conseguirem captar e ainda pagam melhores salários e benefícios para não perderem os profissionais que conseguiram contratar. Se esse cenário é péssimo para as empresas, é ótimo para as pessoas, que conseguem boas colocações com pouco ou quase nenhum esforço.

Inversamente, quando o mercado de trabalho entra em condição de procura, é porque as vagas escassearam, em outros termos não existe quantidade suficiente de vagas para os candidatos que estão à procura de emprego. Se é ruim para as pessoas, é bom para as empresas que não precisam competir pelos candidatos, na realidade os candidatos é que passam a concorrer pelas empresas. Logicamente (essa é a lógica dos mercados), as empresas reduzem os investimentos em atração, recrutamento e seleção, afinal, os profissionais literalmente vão bater à porta das empresas que por sua vez aumentam as exigências dos candidatos, ao mesmo tempo em que reduze os pacotes remuneratórios. Além do mais as organizações por estarem contratando pessoas altamente qualificadas também reduzem investimentos nos treinamentos, simplesmente porque não precisam, os contratados já são preparados e qualificados o suficiente. É a oportunidade de as empresas agregarem à força de trabalho as pessoas mais competentes e elas não costumam perder oportunidades. Tanto que até aproveitam para demitir os que performam menos para contratar quem desempenha melhor e está disponível no mercado de recursos humanos. Tenho certeza de que você já se ligou que se essa condição de mercador perdurar, também haverá redução ou congelamento de salários e benefícios.

O que todos gostariam que ocorresse seria o que é denominado de pleno emprego, uma situação em que há vagas para todos os que estão procurando trabalho, quer dizer, não falta emprego nem sobram trabalhadores e fica todo mundo satisfeito, infelizmente, porém isso nem sempre é fácil.

É claro que esse é um cenário que qualquer governo busca, todos empregados, ganhando bem e felizes, porque em uma sociedade livre isso gera mais riqueza, pois as pessoas gastam porque têm o dinheiro que ganharam trabalhando, o que gera consumo, mais trabalho e mais dinheiro, uma equação perfeita, não é mesmo.

Mas na realidade, medidas que parecem ser muito boas para incentivar a criação de empregos, como, por exemplo, subsídios, não surtem o efeito esperado e o governo perde arrecadação e assume dívidas. Há também governos que se inspiram no popular apresentador de televisão Sílvio Santos e distribuem dinheiro na esperança de aumentar o consumo de gerar empregos, porém, essa receita só tem funcionado mesmo com o homem do baú. Há ainda uma terceira receita que é empregar todos no próprio governo o que gera pouca produção (ou nenhuma), baixa remuneração e pouco consumo. Essa é uma discussão que pode e deve ser aprofundada pelos economistas de modo que para o escopo desta obra é suficiente pararmos por aqui a questão econômica e voltar aos mercados de recursos humanos e ao mercado de trabalho.

Para aprofundarmos mais um pouquinho o entendimento desses dois mercados é preciso também conhecermos o que chamamos de emprego, isto é, um trabalho remunerado com vínculo formalizado por tempo indeterminado, benefícios, direitos e obrigações.

Essa ideia de emprego é algo muito recente na história, pois antes da revolução industrial que começou por volta de 1760, não existia o conceito de emprego, porque foi somente com as fábricas que se estabeleceu essa relação entre pessoas que vendem sua força de trabalho, a princípio livremente, por algum valor a outras pessoas que compram essa força de trabalho pagando um salário.

Bem antes disso o que existiam eram os escravos, pessoas aprisionadas por outras e privadas de sua liberdade por um motivo qualquer (dívida, guerra ou simplesmente por não ter como se defender) para trabalhar sem qualquer direito, uma vez que a perda da liberdade significa ser propriedade de quem escravizou. Esse regime de trabalho é antiquíssimo, deve ter surgido com os grandes impérios, engana-se, portanto, quem acha que a escravidão começou em 1444 com a exploração da África pelos europeus.

A República Romana (509 a.C. a 27 a.C.) e posteriormente o Império Romano (27 a.C. a 476 d.C.) que conquistou praticamente todo o mundo conhecido até então, ao contrário do que muita gente pensa e propaga, não foi obra apenas de seus célebres generais com suas legiões altamente treinadas e praticamente invencíveis, mas principalmente do trabalho silencioso de milhões de escravos.

Foram os escravizados por Roma que construíram suas lendárias estradas que levavam e traziam as legiões para qualquer ponto do imenso Império, que construíram todas as fabulosas obras para a época, como os aquedutos, que divertiam a população lutando até a morte como gladiadores nas arenas, que viabilizavam o comércio carregando mercadorias e produtos, além de todos os trabalhos possíveis e imagináveis para manter as cidades e o governo funcionando.

Na verdade, filósofos gregos como Aristóteles (384 a.C. a 322 a.C.) justificavam a escravidão como uma coisa, um instrumento necessário à existência de uma pessoa. Por exemplo, como hoje precisamos de uma casa com seus móveis e utensílios para viver, naquela época, além da casa eram necessários os escravos, mais um bem, embora vivo.

A escravidão foi, portanto, durante boa parte da história humana a relação de trabalho, se é que podemos falar assim, mais utilizada, pois não se reconhecia outra. Depois vieram os servos, preponderantes na Idade Média (476 d.C. a 1453 d.C.), não que os escravos tenham desaparecido, mas no período feudal eram os servos que trabalhavam e produziam a maior parte das riquezas para seus senhores.

A principal diferença entre um escravo e um servo é que o escravo era propriedade de seus senhores que podiam vendê--los ou trocá-los como uma coisa qualquer, não eram considerados um ser humano com direitos e deveres, apenas obrigações. O servo, não tem dono, mas como trabalha nas terras de seu senhor, deve a este, fidelidade e todo trabalho que realiza nas terras desse senhor são taxadas, a tal ponto que para o servo o único direito que tinha era o da subsistência própria e de sua família. Nesse segundo caso, trabalhava-se em uma relação de dependência total, pois sem a terra de seu senhor morria-se de fome e nas terras de seu amo só se conseguia o mínimo para a sobrevivência.

Além dos escravos e servos existiam os que se beneficiavam das riquezas criadas por eles e que usufruíam das benesses e do valor gerados pelo trabalho dos outros, que eram os militares, nobres (reis, rainhas, imperadores e seus familiares) e clérigos.

Concomitantemente sempre existiram os que hoje chamamos de empreendedores e que foram conhecidos como artesãos, isto é, pessoas livres que vendiam o fruto de seu trabalho e que muitas vezes empregavam outras. Quando mencionamos fruto do trabalho, incluem-se também serviços e não apenas produtos propriamente ditos. Uma estalajadeira que alugava quartos e vendia comida (jantar, almoço etc.) não deixa de ser uma artesã por extensão, no sentido de que ela transforma alimentos em natura em uma refeição.

Mas os artesãos, no contexto que estamos discutindo eram profissionais que conseguiam produzir coisas que exigiam uma técnica aprimorada e que não eram facilmente produzidas pela maioria das pessoas. Um exemplo pode esclarecer melhor. Um ferreiro que conseguia produzir objetos de ferro ou aço forjando o metal por meio do uso de ferramentas específicas como o fole, a forja, a bigorna, variados martelos, dobrando e cortando os metais é tipicamente um artesão.

Sim, era possível haver um escravo ferreiro ou um servo ferreiro, por isso, incluímos a palavra "livre" na definição artesão e reforçamos que essas eram pessoas que podiam usufruir e vender, pelo menos em parte, o que produziam. Ainda hoje temos muitas pessoas que são ferreiras profissionais, mas não são artesãos por trabalharem em fábricas e não serem donas do resultado de seu trabalho que fica com o dono da indústria em troca do salário pago.

Por isso, atualmente se diferencia artesão de empreendedor, sendo o artesão aquele ou aquela que produz artesanato, ou seja, produtos mediante seu trabalho manual. Você mesmo já deve ter ido a alguma feirinha de artesanato e ficado admirado com a destreza dos verdadeiros artistas que são os artesãos.

Já o empreendedor é quem identifica uma oportunidade, encontra uma maneira inovadora de explorá-la mediante a criação de novos produtos ou negócios e assume o risco do sucesso ou insucesso de sua comercialização. Naturalmente é o empreendedor que colhe todos os frutos de seu trabalho e compartilha com os seus empregados pagando salários e com outras partes interessadas de acordo com seus interesses próprios ou de maneira obrigatória quando se trata de taxas e impostos cobrados pelo governo.

Voltemos então à nossa linha do tempo para continuar nosso processo de compreensão do mercado de recursos humanos e de trabalho. A próxima mudança começa apenas a ser desenhada durante a Idade Moderna que começou com a conquista da Cidade de Constantinopla, sede do Império Romano do Oriente em 1453 pelos Turcos Otomanos (muçulmanos oriundos do atual Cazaquistão).

Podemos considerar, para os fins de nossa discussão que este é um período de transição em que ocorreram grandes mudanças e inovações, preparando a humanidade para novas relações de trabalho, dentre as quais o mercantilismo, prática econômica, que contribuiu para a mundialização do comércio europeu, que pode ser considerada o nascimento da globalização. O desenvolvimento comercial trazido pela expansão da navegação marítima deu início à colonização da África e da América pelos europeus e consolidou a escravidão de pessoas naturais das terras ocupadas.

Esse foi um período de revoluções, muitas guerras, invenções e novas tecnologias que diminuíram o poder e a influência dos nobres e religiosos liberando os servos para irem morar em cidades em busca de melhores condições de vida e liberdade. A Idade Moderna, portanto, marca o fim dos suseranos que eram senhores feudais que doavam parte de suas terras a outros nobres que se tornavam vassalos do doador e se obrigavam a, dentre outras obrigações, a servir-lhe militarmente com seus servos.

Importante ressaltar que a Idade Moderna se encerra com a queda da Bastilha, uma fortaleza parisiense (atual *Place de la Bastille*) que detonou a Revolução Francesa a 14 julho de 1789 (atualmente a data nacional da França), quando se iniciou a Idade Contemporânea que se estende até hoje.

Mas o fato da idade contemporânea que tem maior significado para o nosso estudo é inicialmente uma invenção que literalmente mudou o mundo e detonou uma série de revoluções: a invenção da máquina a vapor em 1698, pelo engenheiro do exército inglês Thomas Savery (1650-1715), cuja finalidade era retirar água dos poços das minas de carvão.

Posteriormente, o ferreiro inglês Thomas Newcomen (1664-1729), melhorou a máquina inventada por Savery, que agora podia ser usada em minas mais profundas para subir cargas, o que fez grande sucesso a partir de 1712.

Em 1765, James Watt (1736-1819), também engenheiro inglês, aperfeiçoou a máquina a vapor equipando-a com um condensador que reduzia as perdas de calor e, com isso, podia ser usada como propulsor de moinhos e tornos, pois tinha movimento de rotação. Rapidamente essa invenção invadiu as fundições e minas, pois era muito versátil, qualidade que viabilizou a Revolução Industrial e em 1804 já eram usadas para locomoção (trens, barcos etc.).

A I Revolução Industrial (1760-1850) é principalmente inglesa e foi caracterizada pela substituição da manufatura pela *maquinofatura*, quando surgiram as indústrias, cuja produtividade era enorme para a época, devido à máquina a vapor e outros maquinários e à utilização de mão de obra intensiva. Nascia assim, o emprego como conhecemos hoje, ou seja, uma pessoa presta um serviço a outrem de forma subordinada e não eventual mediante pagamento.

A II Revolução Industrial (1850-1950) é definida pelas novas fontes de energia e pela expansão das novas formas de produção apoiadas cada vez mais em tecnologias como a linha de montagem, busca de produtividade pela aplicação da administração científica e cronometragem de tempos e movimentos para identificar maneiras de reduzir desperdícios e aumentar a eficiência.

A III Revolução Industrial é marcada pela utilização da eletrônica e da informática na indústria e avanços na robótica, nas telecomunicações e nos transportes e pode ser reconhecido até o final do século XX.

A IV Revolução Industrial ou Indústria 4.0 começa no século XXI quando a popularização e a convergência das novas tecnologias como a internet das coisas – IoT, computação quântica, *cloud computing*, redes sociais, internet e dispositivos móveis, inteligência artificial (IA), máquinas capazes de aprender (*machine learning*), *big data*, estão literalmente alterando como vivemos e nos relacionamos.

Ao longo de todo este tempo, em que fomos evoluindo do vapor, energia elétrica, computação e inteligência artificial, também o mercado de recursos humanos e de trabalho foi sofrendo grandes transformações. Na era do vapor, o ser humano era apenas uma ferramenta da produção, considerado uma máquina, mas de baixa eficiência, embora necessária em grandes quantidades.

Com a chegada das novas fontes de energia e máquinas ainda mais eficientes, começou-se a preocupação em selecionar empregados que melhor realizassem o trabalho. Uma das figuras mais representativas dessa nova visão, foi o engenheiro F. W. Taylor (1856-1915), considerado o pai da Administração Científica, que conduziu suas pesquisas para encontrar o homem de primeira classe, ou seja, por meio do processo de planejamento, ele substituía a improvisação pela prática padronizada das atividades e das ferramentas de trabalho e por métodos empiricamente testados e aprovados. Além disso, Taylor introduziu a rigorosa seleção e treinamento do que ele chamou de homem de primeira classe, aquele que se adaptava perfeitamente ao trabalho.

A introdução dos computadores no mundo do trabalho causou um grande impacto no mercado de trabalho e de recursos humanos, pois as habilidades computacionais eram desconhecidas até então, por isso, quem queria manter seus empregos ou encontrar um trabalho nesses tempos precisava desenvolver novas competências, mas não só isso, porque os computadores mudaram totalmente a concepção do trabalho, principalmente aquele dos denominados colarinhos brancos (empregados administrativos).

Muitos trabalhadores adquiriram síndromes novas como lesões por esforço repetitivo – LER e distúrbios osteomusculares relacionados ao trabalho – DORT, causados pela digitação repetitiva e contínua nos recém-chegados *desktops* com suas planilhas e aplicativos de texto.

Finalmente, chegamos à era dos talentos, pessoas que conseguem competir com a inteligência artificial e com máquinas que aprendem, o que exige mais que a literacia digital, ou seja, um conjunto mínimo de competências que permitam à pessoa a operar com eficiência os aplicativos, softwares e a realizar tarefas mínimas necessárias à recuperação e tratamento de dados e de informações.

Na verdade, estamos em um mercado de trabalho que exige muito e em igual nível as competências técnicas também chamadas de *hard skills* (que podem ser aprendidas em treinamentos tradicionais como sala de aula, apostilas manuais etc.) e competência socioemocionais denominadas de *soft skills* (mais difíceis de desenvolver, pois exigem prática e experiências).

É fato que desde a invenção do arado há cerca de 5000 anos que o ser humano passou a utilizar e a considerar as ferramentas como indispensáveis para facilitar e melhorar a qualidade de seu trabalho, porém, com a revolução industrial a tecnologia começou também a competir com as pessoas por vagas de trabalho.

É bem verdade que assim como a tecnologia elimina milhões de vagas de emprego todos os anos, ela também cria outros milhares, muito mais bem remuneradas, outras nem tanto, por isso, se ela facilita muito nossa vida também pode ser bem cruel ao tirar empregos.

Mas não há alternativas, ninguém que luta contra a tecnologia e o progresso pode vencê-los, assim, cada vez mais quem deseja ou precisa de um bom emprego precisa estar sempre buscando melhor qualificação. Outra opção é empreender, isto é, criar o próprio emprego, que tem sido uma posição adotada por muitos profissionais que se encontram e se realizam em suas atuais carreiras, mas optar por esta segunda alternativa não elimina a necessidade de estar também sempre aprendendo, é o que chamamos de *longlife learning*.

É muito comum encontrar pessoas que afirmam terem "quase chegado lá" na carreira ou no mercado de trabalho e não sabem exatamente porque não chegaram. A resposta é que aquela vaga tão sonhada e desejada foi ocupada por outra pessoa com algum diferencial ou competência mais desenvolvida que você.

Se anteriormente era regra as organizações criarem planos de carreira para os empregados, isso definitivamente ficou no passado e no mundo atual do trabalho sai na frente, os que forem capazes de trilhar as suas próprias jornadas dentro ou fora das empresas, por isso, mais que nunca a hora é de ser protagonista da própria carreira e não se tornar refém de uma organização.

O fim dos empregos (RIFIKIN, 2004) já foi vaticinado por muita gente e esta previsão realmente parece estar cada vez mais perto de se concretizar, basta olhar para o lado e constatar como os computadores sofisticados, a robótica, as telecomunicações a IA e outras tecnologias estão rapidamente substituindo as pessoas em praticamente todos os setores e mercados.

Mas apesar de o mercado de trabalho estar se transformando abruptamente e exigindo que as pessoas se qualifiquem e adquiram novas habilidades para fazerem parte do mercado de recursos humanos, nem tudo está perdido. Pela primeira vez na história, as organizações estão realmente se rendendo ao talento, a começar pelos estagiários.

Há empresas que estão pagando aos seus aprendizes remunerações e benefícios que outrora só eram oferecidos aos bons profissionais. Não espanta mais que um estagiário tenha como bolsa-auxílio valor em dinheiro correspondente a três salários-mínimos, mais auxílio Uber, convênio academia, horário flexível, vale alimentação e refeição, plano de saúde, estacionamento e até concessão de bicicleta elétrica para aqueles que preferem preservar o meio ambiente e a própria saúde. Para os profissionais plenos e seniores, então, capricha-se ainda mais na remuneração e nos benefícios *taylor made*, isto é, a personalização do benefício de acordo com cada empregado, um modelo oferece várias vantagens às partes envolvidas, um bom exemplo é o auxílio creche Pet, para quem não tem filhos, mas possui um animalzinho de estimação que não pode ficar sozinho.

Quando o mercado de trabalho está precisando de profissionais e não os encontra no mercado de recursos humanos, os profissionais qualificados são quem de fato mandam. É o que vimos nos Estados Unidos, após o fim da pandemia e consequente volta aos escritórios, quando ocorreu uma debandada recorde de profissionais que não aceitaram o fim do *home office* e pediram demissão voluntária ou simplesmente saíram do mercado de trabalho.

Isso porque devido ao teletrabalho, muita gente saiu das grandes cidades e reaprendeu a viver no campo, na praia etc. e sem horários fixos e sem ter que enfrentar duas horas por dia para ir trabalhar e mais duas para voltar para casa. Mas reforço, isso só aconteceu porque o mercado de trabalho (nos Estados Unidos) estava precisando de profissionais e este podiam escolher livremente quem oferecia mais. Não são só trabalhos intelectuais que permitem essa escolha, na Europa, que tem um déficit recorrente de caminhoneiros, as empresas que precisam deles se esforçam para oferecer pacotes de recompensas mais e mais atrativos.

Assim, vale a pena refletir sobre a necessidade de cada um manter sua empregabilidade, ou seja, ser empregável pelas empresas, ou em outras palavras ser de interesse para alguma organização. Porém, considerando o contexto atual em que empregos estáveis e bem remunerados tornam-se mais escassos, prefiro desde já usar o termo trabalhabilidade que significa ser atraente não apenas para conseguir um emprego (fixo e por tempo indeterminado), mas um trabalho que, embora não seja por tempo indeterminado, ofereça uma recompensa que compense adequadamente a entrega realizada.

Estamos caminhando a passos largos para um mercado de talentos, no qual profissionais competentes não vão procurar trabalhos, mas serão convidados a emprestar, mediante remuneração compatível, suas qualidades e *expertises* para uma organização apenas pelo tempo necessário para completar determinado trabalho.

Vamos recorrer a mais um exemplo para esclarecer. Tenho um amigo que foi durante duas décadas empregado de um grande banco, dedicava-se oito horas por dia para emitir pareceres e elaborar defesas para seu empregador. Hoje ele advoga para quem o contrata, inclusive para o próprio banco do qual se desligou. Ele costuma dizer (e já mostrou algumas faturas que demonstram isso) que cada hora de trabalho no banco, custavam ao seu empregador X e que hoje cada hora de trabalho custa aos seus clientes 1.000X.

Esse meu amigo é o caso de um desempregado (porque não tem emprego) que investiu muito em sua trabalhabilidade e a mantém sempre em alta, por isso, não lhe faltam trabalhos bem remunerados que compensam a inexistência de um vínculo estável de emprego.

Hoje esse advogado pode até ser considerado um ponto fora da curva se comparado à grande massa de trabalhadores que se sujeitam a uma jornada fixa de 40 horas semanais para receber um salário quase sempre insatisfatório do ponto de vista de quem recebe e mais que suficiente do ponto de vista de quem paga. A verdade é que estamos tratando de uma mudança de paradigma, que é difícil não só de aceitar, mas também de entender, porque estamos saindo de um mercado de trabalho que oferece empregos para um mercado de trabalho que só oferecerá trabalhos.

É legítimo imaginar que se hoje não existe emprego para todos no futuro sem empregos também não haverá trabalho para todos, embora saibamos que existe o conceito de pleno emprego, uma situação em que todos que procuram emprego o encontram rapidamente, ou em que todos já estão empregados porque a demanda por profissionais é alta e consome toda a oferta de trabalhadores disponíveis. Embora isso possa parecer um sonho, mesmo países com economias livres conseguiram chegar ao pleno emprego, ainda que em períodos não muito longos, mas com o avanço tecnológico parece que o pleno emprego se tornará algo meramente conceitual.

O pleno trabalho, porém, não é uma impossibilidade porque sempre houve e sempre haverá trabalho, a questão serão os trabalhos bem remunerados que, de novo, só contemplará aqueles que forem os realmente mais bem capacitados e que serão disputados a preço de ouro por quem delas precisar. Por isso, é factível pensar que para garantir a nossa trabalhabilidade (e a empregabilidade pelo menos enquanto existirem empregos) precisamos ser muito bons em alguma coisa, isto é, necessitamos ser especialistas, mas ao mesmo tempo também precisamos ter comportamentos que potencializem nossa especialização.

Imagine que você precise fazer uma cirurgia dificílima em seu cérebro, porque do contrário não terá mais que uma semana de vida. Há apenas dois médicos em todo o mundo que fazem esse trabalho, melhor, esse tipo de cirurgia. Para sua felicidade você tem dinheiro suficiente para pagar o preço da operação que custa uma verdadeira fortuna, mas por incrível que pareça, ambos os médicos cobram exatamente o mesmo preço. Os dois também têm a mesma *expertise* e as mesmas taxas de sucesso e você se consultou com ambos, sentiu-se absolutamente confortável com o conhecimento de ambos. A única coisa que os diferenciou foi o comportamento deles. Enquanto o primeiro médico o tratou como uma coisa a ser consertada com as ferramentas certas e se comportou como se salvar sua vida fosse apenas mais um objetivo na carreira dele de sucesso, o segundo o tratou como um ser humano e se comportou como se sua vida realmente importasse para ele.

O segundo médico, ao contrário do primeiro, também foi capaz de lidar com as próprias emoções (não se mostrou ansioso pelo excesso de perguntas que você fazia) e com as suas que estava realmente preocupado com a possibilidade de morrer na mesa de cirurgia. Na verdade, você se sentiu conectado com ele. O primeiro foi impaciente (afinal o paciente era você), praticamente ignorou seus sentimentos e ainda, ficou nervoso com tantas perguntas, afinal, quem precisa saber o que será feito é o médico e não o doente. Ao fim de trinta minutos, bastante irritado, pois tinha outro paciente esperando, ele lhe pede para sair.

Pergunto, imaginando a resposta, com qual dos dois médicos você faria sua cirurgia, concordando em pagar uma fortuna para que lhe salvasse a vida. Imagino que a grande maioria de quem está lendo agora escolheria o segundo e, por quê? A resposta é que o primeiro foi mais inteligente emocionalmente, ou seja, o fator determinante na sua escolha foram as competências comportamentais.

Mesmo em situações bem menos críticas do dia a dia, quanto a que narramos, mesmo que haja uma diferença a maior no nível de competência técnica, não é difícil optarmos, mesmo sabendo da menor *expertise* (se não for algo muito sério), por quem se comporta melhor.

É por isso, que acredito num futuro em que não mencionaremos mais mercado de recursos humanos, mas falaremos em mercado de competências, afinal, quando contratamos alguém não queremos levar essa pessoa para casa como se fosse um recurso ou coisa que vamos usar, queremos é que ela resolva um problema e nos entregue o que precisamos, seja um produto, serviço ou solução.

REFERÊNCIAS

RIFIKIN, Jeremy. **O fim dos empregos.** São Paulo: M.Books, 2004.

EMPLOYER BRANDING: MARCA EMPREGADORA

É provável que você já tenha ouvido bastante vezes a afirmativa de que as pessoas são o recurso mais importantes e valiosos de uma empresa, mas falemos a verdade, isto é um grande mito, ou talvez uma cilada proposital, para fazerem os empregados se sentirem importantes e assim também se motivem para o trabalho.

A verdade é que somente os bons colaboradores, ou seja, aquelas pessoas competentes, motivadas, capacitadas e engajadas são produtivas e essas sim, são realmente valiosas e interessam para as empresas, as demais, devemos reconhecer, podem até ser um pesado ônus para as organizações.

Como já vimos, as constantes mudanças no mercado de trabalho, por um lado obrigam as pessoas que estão no mercado de recursos humanos a se desenvolverem e por outro forçam as empresas a evoluírem em suas as práticas de gestão de pessoas para se tornarem atraentes para as pessoas que procuram empregos e às vezes até para fazerem aquelas que já estão trabalhando a trocarem de empresa. Em síntese, as organizações que precisam de pessoas devem ser competitivas o suficiente para serem escolhidas pelos talentos disponíveis.

E isto, também como discutido, não se trata mais de apenas oferecer um bom salário, porque quando a questão se refere à busca por talentos que são bons funcionários, estes estão sempre em falta, por isso a empresa precisa ter diferenciais positivos, uma vez que um bom salário não garante mais a satisfação dos colaboradores. Hoje, bons empregados talentosos querem ser retribuídos à altura de suas contribuições para o sucesso das empresas para as quais trabalham ou das quais são empregados.

Por isso, uma vez entendida a dinâmica do mercado de trabalho e de recursos humanos, seguimos com o estudo do que chamamos de *employer branding* ou gestão da marca empregadora que se constitui em uma série de ações planejadas e sistemáticas que visam aumentar o engajamento dos que já são funcionários e divulgar uma imagem positiva da organização para que ela seja percebida como um excelente lugar para trabalhar.

O conceito de *employer branding* surgiu em meados da década de 1990, usado primeiramente por Simon Barrow, que foi gerente de marca na Best Foods (Unilever) e na Colgate-Palmolive, depois se tornou Chief Executive Officer – CEO de uma agência de publicidade da Charles Barker Group. Foi seu envolvimento com gestão de recursos humanos aliado à sua *expertise* em gestão de marcas que desencadeou a criação do conceito, que foi aprofundado ao se tornar professor e pesquisador na London Business School (BARROW; MOSLEY, 2005).

O *employer branding* foi a maneira proposta por Barrow para as organizações fazerem frente, na época, a um cenário de alta taxa de empregabilidade, no qual os profissionais tinham condição de escolher em que empresas gostariam de trabalhar, levando em consideração não apenas salário, mas também benefícios, plano de carreira, reputação da empresa, recomendações de outros profissionais etc.

Contemporaneamente a gestão da marca empregadora é uma tendência devido aos seus benefícios para as organizações que atraem e retém os melhores talentos e para os próprios empregados que efetivamente vivenciam um melhor lugar para trabalhar. Ademais existe uma guerra por talentos, ou seja, as empresas estão disputando abertamente talentos profissionais qualificados no mercado e, diante da necessidade de vencer tais disputas as áreas de recursos humanos precisam atuar de maneira mais estratégica e as empresas são obrigadas a adotar ações para melhorar suas imagens e reputação no mercado de trabalho.

As empresas que adotam o *employer branding* como uma estratégia que objetiva melhorar a sua reputação como empregadoras só o fazem porque isso de fato traz resultados, simplesmente porque uma empresa é tão boa quanto as pessoas que fazem parte dela.

A maneira mais óbvia e direta de se fazer a gestão da marca empregadora é investindo em ações desenvolvidas com o intuito de aumentar a satisfação dos colaboradores atuais para que eles e elas façam a famosa propaganda boca a boca, cuja maior qualidade é a credibilidade. Isso porque se um funcionário fala bem da organização para a qual trabalha quarenta e quatro horas por semana, ninguém vai duvidar de que está sendo sincero, assim, é uma ótima estratégia atuar para transformar os próprios funcionários e até terceirizados em verdadeiros embaixadores do negócio, ou como se diz no marketing, em promotores da marca.

Mas isso é o básico, porque com talentos espalhados por todo o mundo e com as tecnologias que permitem o trabalho remoto, o boca a boca pode não ser suficiente, de modo que a empresa deve adotar uma gestão proativa na divulgação de suas qualidades, integrando a equipe de recursos humanos com o time de marketing, a fim de criar estratégias inovadoras não só para divulgar simplesmente, mas para valorizar a marca empregadora da empresa no mercado e na sociedade como um todo, pois nunca se saber onde será encontrado o próximo talento.

Assim, todos os canais de comunicação da empresa podem e devem ser elaborados com o foco na construção e sustentação dessa imagem, desde o design do *site* organizacional, passando pelos anúncios de vagas, até a comunicação interna. Com efeito, a divulgação da imagem de uma cultura organizacional que valoriza as boas condições de trabalho (física, psicológica, emocional etc.) deve ter lugar no *site* e nas redes sociais da organização e ao longo dos processos de recrutamento e seleção com o intuito de atrair os profissionais mais talentosos e que mais que se identifiquem com os valores da organização.

Evidentemente não se constrói uma marca empregadora apenas com marketing, frases de efeito ou discurso para inglês ver. De fato, para fazer uma gestão efetiva da marca empregadora, é imprescindível nutrir uma cultura organizacional que propicie à organização realmente ser um ótimo lugar para trabalhar e essa percepção precisa se fazer presente nos processos de trabalho, no estilo de liderança e nos produtos e serviços que a organização oferece aos clientes, de modo que os colaboradores se sintam bem no trabalho, mas também orgulhosos de fazerem parte do negócio.

É importante pontuar que as empresas investem em *employer branding* porque são evidentes as vantagens dessa estratégia de atração e retenção de talentos, pelo simples fato de que qualquer empresa que aumentar a sua capacidade de atração de talentos adquirirá um fator crítico de sucesso. Embora não haja estudos comprovando cientificamente que funcionários satisfeitos produzem mais, é certo que empregados satisfeitos não jogam contra a missão da empresa, pois divulgam favoravelmente a organização não só para amigos próximos como também para importantes redes sociais profissionais, como, por exemplo, no *LinkedIn*.

Ressaltamos que não é suficiente adotar boas práticas no dia a dia, a organização deve se preocupar em desenvolver uma boa imagem de bom lugar para trabalhar, no mercado antes mesmo de iniciar novos processos de recrutamento e seleção.

Já na contratação dos novos empregados, a cultura e os valores da boa empresa para se trabalhar devem ser reforçados, nesse aspecto as atividades de *onboarding* devem ser desenhadas para garantir que os novatos se ajustem rapidamente ao ambiente de trabalho, tendo em vista que quanto antes os recém-contratados se sentirem acolhidos pela cultura e colegas de trabalho, melhor será para a organização.

Um bom argumento para investir na gestão da marca empregadora é a redução de custos de recrutamento, considerando que procurar profissionais qualificados e talentosos é uma das fases mais trabalhosas e custosas do processo de recrutamento e seleção. Se a empresa é reconhecida por possuir um ótimo conceito como empregadora, sempre haverá candidatos interessados em trabalhar nela, mesmo que nem haja vagas em aberto. Desse modo, a atração é extremamente facilitada pelo *employer branding* e encontrar os talentos apropriados fica muito mais fácil porque o que acontece, na verdade, é que em vez de a empresa procurar os candidatos, são eles que irão buscar a empresa.

Dessa maneira, a área de recursos humanos da empresa pode criar e manter um rico e valioso banco de talentos a ser utilizado quando surgirem novas vagas, reduzindo o tempo de preenchimento delas, ao mesmo tempo em que as eventuais despesas com empresas de consultoria e de recrutamento são reduzidas.

Ademais, profissionais satisfeitos trabalham melhor, o que muitas vezes até pode levar ao aumento de produtividade, portanto quando a empresa não só se preocupa, mas investe de verdade no bem-estar e na satisfação dos colaboradores consegue ganhos para a imagem do negócio, mas também e principalmente, alcança ou melhora os resultados do negócio.

É fato que se um bom profissional percebe que a empresa em que trabalha se esforça sinceramente para atender suas necessidades, ele valoriza seu emprego e se torna mais engajado e propenso a desempenhar suas funções com mais qualidade e produtividade, além do mais, uma equipe composta por pessoas que sentem apreço pela organização tem muito mais probabilidade de alcançar e mesmo de superar metas e engendrar soluções criativas e diferenciadas frente a desafios.

Realizar uma boa gestão da marca empregadora é uma tarefa complexa e pode até assustar em um primeiro momento, porém, é possível e há empresas que apostam muito na sua transformação em um excelente lugar para trabalhar, afinal, não é possível realizar o marketing sem ter um bom produto, porque todo o esforço vai por água abaixo.

O *employer branding*, como todo processo de gestão exige planejamento, estruturação, organização, liderança, controle, monitoramento, comunicação e, principalmente alinhamento e participação de todos os colaboradores.

A primeira coisa a fazer é ouvir as pessoas, coletar suas percepções e opiniões sobre o que está bom, o que está ruim e o que precisa melhorar, porque não tem como elaborar um plano de ação para criar soluções se não há informações sobre a situação atual da empresa em relação à satisfação dos colaboradores. Esse já é um grande desafio, porque as pessoas precisam se sentir seguras para expressarem a verdade e a empresa precisa estar preparada para ouvir coisas boas e ruins também. Em suma, é necessário realizar um diagnóstico para começar a trabalho no preenchimento das lacunas identificadas e no saneamento dos problemas relatados.

De posse desse diagnóstico, é preciso trabalhá-lo, iniciando por uma reflexão sincera e definição de objetivos de melhoria que gerem ações específicas pelo menos quanto aos seguintes pontos: que tipo de talento a empresa quer e precisa atrair, que valores estão sendo praticados e quais precisam ser excluídos ou incluídos na cultura, que imagem a empresa quer passar ao mercado etc.

Quaisquer pessoas desejam coisas que lhes despertem interesse, tragam segurança e é exatamente assim que as pessoas também pensam na hora de escolher uma organização para trabalhar, ou seja, quando podem, os profissionais buscam empresas cujos colaboradores a divulgam como um bom lugar para trabalhar e se desenvolver. Hoje, assim como as pessoas pesquisam na internet um produto antes de adquiri-lo, elas também pesquisam e comparam empresas, vagas e oportunidades na Internet, antes de investirem seu tempo, energia e esforço em um processo seletivo.

Com efeito, boa parte das pessoas tomam decisões baseadas nas opiniões de outras pessoas, por isso, o mesmo cuidado e atenção que a empresa tem para com a promoção de seus produtos e serviços para seus clientes, ela deve ter para com a divulgação de suas vagas. As empresas que gozam de uma boa avaliação sobre sua cultura de trabalho, facilita o preenchimento de vagas com talentos e a retenção dos bons profissionais que atuam nelas.

Construir uma estratégia de *employer branding* exige um profundo conhecimento sobre os valores e planejamento de curto, médio e longo prazo, mas é possível começar com algumas ações mais simples e diretas, como, por exemplo, usar uma rede social para divulgar a empresa como marca empregadora. É possível começar produzindo conteúdo para construir o *employer branding* mostrando o dia a dia na organização e de quebra passar mensagens positivas. Uma maneira de fazer isso é registrando bons momentos de trabalho, descontração, reuniões e incentivar os colaboradores a fazerem o mesmo e postarem em suas redes sociais. Porém, tenha cuidado para evitar divulgação de informações restritas ou de postagens que desqualifiquem a empresa. A única forma de evitar isso é se a empresa for realmente um bom lugar para trabalhar.

Pode-se também estimular os colaboradores a interagirem com a própria empresa nas mídias sociais, bastando criar *hashtags*, compartilhando conteúdos publicados pelos próprios colaboradores, divulgando as publicações dos funcionários às equipes. Saiba que é muito convincente e, portanto, eficaz na gestão da marca empregadora, quando os próprios empregados falam bem da empresa e a recomendam.

A escassez atual de talentos leva as empresas a atuarem com *employer branding*, conjugando ações e campanhas para atração de talentos fundamentadas em toda a sua estrutura de marketing e comunicação, em outras palavras, a área de recursos humanos e a de comunicação e marketing atuam conjuntamente na disseminação da marca empregadora com técnicas de marketing para gerar mais resultados no processo de recrutamento e seleção. Isto é, a realização de ações de *employer branding*, exige que as áreas de recursos humanos e de marketing se tornem mais próximas, na verdade, parceiras que trabalham em conjunto com o objetivo de atrair talentos.

Na realidade, a gestão da marca empregadora não pode ser entendida como apenas uma ação de divulgação da marca, pelo contrário, trata-se de fazer uma excelente gestão de pessoas que consiste em adotar as melhores práticas e atuar para alcançar a excelência em todos os processos da administração de recursos humanos: agregar pessoas, aplicar pessoas, recompensar pessoas, desenvolver pessoas, manter pessoas e monitorar pessoas, conforme a divisão clássica de Chiavenato (2017, p. 14).

Em síntese, para fazer uma gestão eficaz da marca empregadora é preciso transformar a empresa em um ótimo lugar para se trabalhar, esse é o ponto chave da questão: uma estratégia de *employer branding* não se sustenta, aliás, nem teria sentido tentar construí-la, se não houver outra estratégia de criar um grande local para trabalhar.

Nesse sentido as empresas devem oferecer aos seus empregados atuais ou futuro, o que se convencionou chamar de *Employee Value Proposition* – EVP ou proposta de valor ao empregado que pode ser entendida como o conjunto as recompensas e benefícios que são recebidos pelos funcionários em troca de seu desempenho no local de trabalho.

Diante disso, as organizações precisam desenvolver um EVP para fornecer uma experiência consistente com a gestão da marca empregadora. É o EVP que vai de fato atrair os talentos para a vaga de trabalho porque ele é a oferta oferecida pela empresa em troca das competências e experiência que um funcionário fornece à organização.

O EVP é uma abordagem centrada no funcionário que está alinhada às estratégias de gestão da marca empregadora e o ideal é que seja único, relevante e atraente para atuar como um fator-chave de atração, engajamento e retenção de talentos, portanto o EVP deve ser compreendido como muito mais que salários e benefícios. Na prática, significa o conjunto das recompensas, os benefícios, a carreira, o ambiente de trabalho e a cultura organizacional incluídos em um pacote exclusivo de ofertas e valores que tornam a empresa única no mercado e permite atrair e reter os melhores talentos.

Definir uma robusta Proposta de Valor ao Empregado – é o mais importante dos cinco passos para implementar uma estratégia de *Employer Branding* de sucesso porque ela sem dúvida atua como um ímã para atrair os melhores talentos. Nesse sentido, vamos rever os cinco passos discutidos neste capítulo que permitem implantar e fazer uma eficaz gestão da marca empregadora: 1. Defina seus objetivos e metas, tais como as metas, conseguir mais quantos talentos, reduzir tempo e custos de recrutamento e seleção etc.; 2. Identifique a sua persona de candidato, isto é, identifique exatamente as características e competências do talento que está precisando; 3. Defina sua proposta de valor para o empregado, ou seja, que fará ou já faz seus funcionários adorarem trabalhar para você; 4. Defina os canais e pontos de contato dos candidatos onde e como você promoverá sua marca; 5. Meça os resultados de sua estratégia e dos esforços realizados.

Ressaltamos que o *Employee Value Proposition* precisa estabelecer um equilíbrio entre recompensas tangíveis (remuneração e benefícios etc.) e recompensas intangíveis (propósito do trabalho, cultura organizacional etc.), isto é, o EVP responde de forma convincente a pergunta que todo candidato a uma vaga se faz ou deveria fazer: Por que eu deveria trabalhar na sua empresa e que diferenciais ela vai em oferecer?

Deve-se atentar que o *employer branding* tem como força propulsora a comunicação da proposta de valor ao empregado e que o EVP, para continuar sendo interessante e atrativo, precisa ser pelo menos anualmente revisado e atualizado.

Concluímos, portanto, que o *Employer Branding* e o *Employee Value Proposition* são as duas faces de uma mesma moeda, pois um colabora com o outro e se complementam na apresentação aos talentos desejados pela empresa de mais que uma simples descrição de cargo e um salário. E de fato, ambos os conceitos estão perfeitamente alinhados à moderna gestão de pessoas que considera os colaboradores como parceiros do negócio, os quais investem seu tempo, energia, talento e competências na organização e esperam retornos compatíveis para com a contribuição que realizam.

REFERÊNCIAS

BARROW, Simon; MOSLEY, Richard. **The employer brand:** bringing the best of brand management to people at work. England: John Wiley & Sons, Ltd., 2005.

CHIAVENATO, Idalberto. **Gestão de pessoas:** o novo papel dos recursos humanos nas organizações: Barueri: Manole, 2014.

PLANEJAMENTO EM GESTÃO DE PESSOAS

Ainda existe por parte de muitas pessoas nas mais variadas organizações a percepção de que o planejamento não serve para nada por causa das inevitáveis mudanças que ocorrem e que exigem alterações no que foi planejado. É muito comum que o planejamento estratégico realizado para um horizonte de cinco anos ou mais, ao término do período pareça um Frankenstein de tão emendado, costurado e ajustado. Com os modernos editores de texto e planilhas eletrônicas esse monstrinho continua bonito, embora ao final do ciclo reste pouco do que foi originalmente previsto.

Mas um planejamento estratégico não tem a finalidade de ser um caminho fixo e imutável, com efeito, o planejamento continua a ser uma das funções mais importante da boa administração e serve na realidade para alinhar os esforços de todas as áreas da empresa e manter o foco nos objetivos, iniciativas, ações e atividades que de fato vão trazer resultados para a organização. E o RH não é exceção, ele também precisa se planejar.

Ressalto já de início que a área de gestão de pessoas bem alinhada com as estratégias da empresa é fundamental para o sucesso organizacional, pois qualquer organização para ser competitiva e alcançar bons resultados se escora em pelo menos três fundamentos: um bom conhecimento do ambiente interno e externo, incluindo as tendências do setor, colaboradores engajados com as competências certas, trabalhando para o mesmo propósito e um planejamento estratégico bem delineado cuja execução seja monitorada tempestivamente para incorporar os ajustes necessários.

Sendo assim, destacamos que o principal objetivo do planejamento estratégico de uma empresa é guiá-la na direção segura dos principais objetivos estabelecidos por ela mesma, portanto, os primeiros passos para iniciar um planejamento estratégico de recursos humanos é a análise dos objetivos Organizacionais e a determinação dos seus pontos de prioridade.

Por isso mesmo, o desafio do RH é dobrado, uma vez que um bom planejamento de gestão de pessoas, isto é, que seja eficiente e eficaz, deve contribuir com os objetivos organizacionais (receitas, lucro etc.) e com os objetivos pessoais dos funcionários (carreira, remuneração etc.).

Pelo exposto, assim como qualquer área da empresa o planejamento de pessoas ou de recursos humanos, como preferir, ajuda muito a focar em planos de ação estratégicos, bem como otimizam a gestão eficiente de tempo, dinheiro e demais recursos, pois todas as ações têm uma finalidade precípua de gerar valor contribuindo para o atingimento dos objetivos da empresa, além de permitirem um monitoramento contínuo de sua execução.

Ao se definir um plano estratégico, define-se também um norte de ações para toda a equipe que sabe exatamente o que se deve fazer, quando, onde, como e, tão importante quanto, ao se prever os recursos que serão necessários, praticamente se garante que não haverá falta nem excesso. Em outras palavras, um plano permite ter controle sobre a situação e até antecipar problemas e dificuldades, evitando que aconteçam ou pelo menos reduzindo o impacto negativo de eventos não desejados.

Na área de gestão de pessoas é bem comum dividir o planejamento de acordo com cada processo da área, com o foco principal em recrutamento e seleção, treinamento e desenvolvimento dos colaboradores, gestão da marca empregadora, avaliação de desempenho etc., porém, isso só faz sentido, quando cada um desses planos está totalmente alinhado com os objetivos estratégicos da empresa, isto é, o RH não trabalha para si nem para os colaboradores, o RH trabalha para contribuir com a organização a alcançar os resultados e o sucesso nos negócios.

Com base nos objetivos estratégicos da empresa, o RH define suas metas de curto, médio e longo prazo que vão direcionar todas as ações da área, mas sempre acompanhando e avaliando periodicamente (no mínimo uma vez por mês) o desempenho da equipe e o quanto do que foi planejado foi realmente executado, a fim de reavaliar as ações e se for o caso, adotar novas ações para corrigir ou recuperar o desempenho.

Ademais, quando o RH traça suas próprias estratégias perfeitamente alinhadas às macroestratégias da organização, considerando também possíveis riscos, a própria área de recursos humanos se torna mais estratégica em seus processos de contratação, de treinamentos e de gestão de pessoas como um todo. Logo, o RH passa a ser um parceiro interno dos negócios da empresa, colaborando efetivamente com as conquistas positivas da empresa e deixa de ser vista pelas demais áreas apenas como um centro de custos e despesas.

Quando se fala em planejamento estratégico ou simplesmente estratégia empresarial, estamos nos referindo a um horizonte de longo prazo (algumas organizações trabalham com cinco anos, outras com até cinquenta anos ou mais), por isso é fundamental que todo planejamento contemple também um cronograma, o qual não pode ser esquecido em uma gaveta ou em uma pasta de arquivo do servidor, mas precisa ser alvo de medidas que visem seu cumprimento, afinal, prazo é prazo também no RH.

Atualmente já é bem comum em grandes e médias empresas que a área de recursos humanos participe do comitê estratégico responsável pela formulação e monitoramento da execução estratégica. Isso é muito importante, porque quem participa desse grupo conhece bem as estratégias e compreendem bem o porquê de a empresa seguir determinada trajetória de negócios, o que facilita o desdobramento dos objetivos da organização em metas setoriais e até o nível da avaliação do desempenho individual dos colaboradores. Se o RH não participa da formulação estratégica e apenas recebe demandas de contratação e treinamento das demais áreas, então realmente existe um problema que praticamente inviabiliza um planejamento mais estratégico pelo RH.

De qualquer forma, qualquer que seja o nível de planejamento (estratégico, tático ou operacional), antes de se pensar em planejar é absolutamente imprescindível um olhar crítico para o passado e o presente com o intuito de analisar a situação atual e identificar pontos fortes, pontos fracos, oportunidades, ameaças, ganhos e falhas cometidas até o momento a fim de definir quais estratégias adotar para atingir resultados melhores. Isso é o que chamamos de fase de diagnóstico.

É nessa fase que o RH analisa os resultados da empresa e da própria área, inclusive, se não o faz regularmente, aplica pesquisas de clima organizacional e de engajamento, ao mesmo tempo em que busca identificar o motivo de baixo desempenho em indicadores chave como rotatividade (*turnover*) excessiva, baixo engajamento, queda na produtividade, vagas em aberto, dentre outros.

Quanto ao mercado de trabalho e de recursos humanos, nem seria preciso mencionar, mas é bom reforçar que esse acompanhamento faz parte do negócio do RH, portanto, a área de gestão de pessoas para fazer bem seu trabalho ela deve desenvolver um plano de ação, principalmente com foco na reposição, aquisição e retenção de talentos, adequado à necessidade da empresa e à realidade do mercado.

Não custa lembrar que transformações tecnológicas na área de atuação da organização e no comportamento dos profissionais podem demandar rápido reposicionamento ou mesmo mudanças na estratégia. Na prática, também não se pode descuidar de monitorar e avaliar tanto fatores externos quanto internos que venham eventualmente influenciar o clima organizacional e a performance dos colaboradores, assim o RH além de estratégico se torna também mais proativo ao evitar situações negativas ou pelo menos adotar ações para revertê- -las tempestivamente.

Reforçamos que o planejamento do RH só faz sentido e gera valor para a empresa quando realmente ajuda a empresa a conquistar resultados melhores e a atingir os objetivos corporativos. Por isso, nunca é demais insistir que os profissionais de RH devem conhecer tão bem os propósitos organizacionais quanto os profissionais de vendas, marketing, operações ou finanças, ou por outra, um profissional de gestão de pessoas é primeiro um profissional da empresa. Por este motivo, qualquer colaborador lotado no RH precisa conhecer os objetivos e metas da empresa, tais como de *market share*, expansão de mercado, lucratividade, produtividade, lançamento de novos produtos e serviços, concorrência etc. Só assim, o RH estará apto a direcionar seus processos de recrutamento e seleção, seus mecanismos de retenção de talentos e práticas de manutenção da satisfação, engajamento, saúde e segurança dos times na medida exata das necessidades do negócio da empresa.

Tudo o que trouxemos até agora não exime o RH de estar próximo de cada área para compreender realmente suas necessidades, para isso precisa estreitar os relacionamentos com os gestores das demais áreas funcionais. Mesmo em organizações em que departamentos diferentes competem por prestígio, poder, recursos, status e reconhecimento, o RH deve se manter acima dessas desavenças e firmar parcerias internas a fim de ser visto como agregador e solucionador de problemas. Por isso participar de reuniões e promover encontros com os demais gestores para entender exatamente quais são as metas e necessidades individuais de cada área, deve ser uma tarefa contínua do RH.

É nessas ocasiões que o RH, proativamente identifica e avalia principalmente questões relativas a engajamento, produtividade, plano de carreira, contratações, necessidades de treinamento e outras tantas que podem afetar o desempenho dos profissionais e que somente o gestor que lida diariamente com a equipe é que será sempre a melhor pessoa para sinalizar demandas a respeito do seu time. Outrossim, nessas conversas cara a cara é que surgem muitos *insights*, críticas construtivas e sugestões de melhoria tanto quanto à atuação do próprio RH quanto aquelas mais genéricas que poderão ser adequadamente encaminhadas pelo profissional de gestão de pessoas.

Agora vamos destacar uma das etapas mais importantes no planejamento e que muitas vezes é esquecida, delegada ou ignorada pelo RH, que é o planejamento financeiro, muitas vezes porque a equipe simplesmente não gosta de números ou de falar em dinheiro. Mas a verdade é que nada acontece em uma empresa sem os recursos necessários e o dinheiro é o recurso que viabiliza todos os demais recursos.

Então não tem como o RH fugir desta etapa, é preciso não só controlar e documentar todos os gastos como também prever todos os investimentos. Ao assumir uma postura financeira, o RH passa a ser mais crítico quanto ao próprio desempenho, uma vez que fica evidenciado o retorno de cada ação que toma. Isso quer dizer que o RH passa a enxergar o quanto sua atuação custou à empresa e o quanto produziu ou deverá produzir de resultados em termos monetários. Procedendo assim, também ajudará a empresa controlar melhor suas despesas e a evitar sustos orçamentários (faltar dinheiro para alguma ação e ter que remanejar verbas de última hora).

Nenhum planejamento pode ser considerado concluído sem que seja elaborado o que chamamos de plano de ação que, como o próprio nome diz, é o momento de detalhar em uma planilha o que será feito, por que será feito, quem será o responsável por fazer, até quando será feito, como será feito e quanto custará.

O plano de ação organiza todas as ações que serão desenvolvidas para executar as estratégias e alcançar os resultados previstos e, para tanto, é preciso adotar uma visão analítica, criatividade e principalmente realista de comprometimento com as metas. A partir da finalização do plano de ação é possível iniciar efetivamente a execução do planejamento, isto é, o cumprimento do plano de ação é o que concretiza as estratégias. Lembrando que a empresa considerada no seu todo possuir um plano macro que deve ser observado e que foi desdobrado no planejamento de cada área e até de cada pessoa de tal forma que toda a empresa esteja alinhada em um único propósito, a responsabilidade do RH só aumenta.

Isto porque além de cumprir seu próprio planejamento, o RH não pode descuidar do bem-estar e da satisfação de todos os colabores, em outras palavras, o planejamento do RH é a garantia de que a empresa pode contar com seus recursos humanos motivados, capacitados e produtivos para alcançar o sucesso do seu negócio.

Nesse sentido, recomenda-se que o plano de ações do RH seja apresentado para a alta liderança e para o comitê estratégico, caso exista, a fim de que o plano incorpore eventuais sugestões de melhoria das partes interessadas tornando-se assim, um instrumento real de melhoria dos resultados da organização.

Como já dito, o plano que é o resultado do planejamento não pode ser engessado nem servir para congelar as ações das empresas, por isso, o RH (assim como nenhuma outra área da empresa) não pode esperar o bimestre, o trimestre, o semestre ou até o final do ano para analisar se as ações e os resultados estão de acordo com o planejado.

O monitoramento da evolução das atividades planejadas e do próprio RH de maneira sistemática e constante permite adotar ações corretivas tempestivamente, ganhando tempo precioso que pode se reverter em mais resultados. Idealmente o acompanhamento deveria ser *online*, ou seja, em tempo real em um painel de bordo que até sinalizasse os percentuais de atingimento de cada meta, ação e iniciativa. Esse é um estágio que nem todas as organizações conseguem atingir, mas pelo menos uma reunião mensal em que os gestores se reúnam para analisar os resultados parciais do planejamento e aprovar correções de rota necessárias, é inegociável independente de quão ocupado estejam os gestores, afinal, a estratégia é a prioridade de toda empresa.

Sem acompanhamento, o planejamento e os planos se perdem na burocracia organizacional e aos poucos o plano vai ficando desatualizado, sem sentido, por isso vale a pena lembrar que também as análises internas e externas, principalmente as relativas ao mercado devem ser captadas rapidamente para que a organização e suas áreas funcionais possam reagir a elas em tempo de evitar problemas diversos e perda de competitividade. Nesse contexto, é importante obter uma visão macro sempre atualizada como a que uma análise de dados demográficos permite quando estamos tratando de planejar estrategicamente.

O RH precisa ser tão bom em planejar quanto em realizar a gestão de pessoas, porque a verdade é que esta depende daquela. Por muito tempo o RH e a alta gestão da empresa, se contentaram com uma administração de pessoas do tipo bombeiro, como se diz, ou seja, preocupando-se com apagar os incêndios que iam surgindo. O mundo, porém, mudou muito e hoje a gestão tem que ser cada vez mais planejada, até para as atividades do dia a dia é preciso priorizar suas demandas porque se tudo é urgente, nada é urgente.

Nesse contexto a pauta do RH se expandiu e não se restringe mais à administração dos recursos humanos propriamente dita, mas a conduzir a mudança nas organizações para culturas mais abertas e inclusivas. Quando se fala em diversidade, por exemplo, ela não tem de estar somente na base ou nas políticas de gestão de pessoas, ela precisa estar na estratégia e a área a quem cabe carregar a diversidade do discurso e da operação para a realidade é o RH e isso necessariamente passa pela estratégia. E, nessa questão se avançou muito pouco ainda em termos de pluralidade de gênero e raça, mas nem se começou ainda a encarar a diversidade de classe social, capacitismo, idade etc. e, para isso, sem planejamento não há como equacionar.

Outra questão nevrálgica é o ESG (*Environmental, Social and Corporate Governance*) que não é apenas mais um modismo da gestão, mas uma questão de consciência e de responsabilidade, pois chegamos a um ponto em que as organizações precisam caminhar a passos largos para solucionar os impactos negativos que que elas causam no ambiente, na sociedade e no futuro da humanidade. E isso também passa por uma profunda mudança na cultura das organizações, portanto, envolve fortemente o RH que precisa se planejar para apoiar as pessoas, os gestores e a empresa nessa transição.

Sem dúvida, um dos grandes desafios para as empresas atualmente é construir um ambiente organizacional que promova o desenvolvimento humano e profissional de seus colaboradores de maneira alinhada com a continuidade e o sucesso do negócio.

Como se vê, o RH está em uma fase de evolução para uma função cada vez mais estratégica e para um papel consultivo, afinal de contas, entender de gente é o negócio do RH, cujo conhecimento compartilhado com as demais áreas só traz vantagens para a organização, lideranças, empregados e chega até a sociedade.

Nesse contexto, ao assumir suas responsabilidades o RH tem que ter um plano consistente e bem construído, o que significa estar preparado para pôr em ação o plano B, o C e quantos mais forem necessários para manter a continuidade dos negócios da empresa quaisquer que sejam os desafios que surgirem.

Antecipar demandas e questionar o status quo também faz parte de um bom planejamento, tendo em vista que se trata do futuro da organização e de seus colaboradores, muita responsabilidade para um RH apenas burocrático e se iniciativa. Chegou a hora do RH e seus profissionais assumirem o protagonismo da mudança organizacional, desenvolvendo as competências requeridas nas pessoas certas, instigando e estimulando não só os colaboradores, mas também as lideranças da empresa.

De fato, o RH precisa se parceiro confiável do negócio, logo, necessita entender além do tradicional RH e de seus processos específicos, para ser parceiro de verdade precisará acompanhar, de perto e com profundidade, o que acontece do lado de fora de suas portas e da própria organização.

Para encerrar este capítulo é indispensável lembrar que cada ação da empresa impacta no dia a dia do negócio e na satisfação dos colaboradores, por isso elaborar um bom planejamento de pessoas é fator crítico para o sucesso organizacional, porque sem ele os colaboradores e a própria empresa, podem se tornar obsoletos e, portanto, dispensáveis em um mundo que não perdoa os incompetentes e o RH não pode deixar isso acontecer.

REFERÊNCIAS

LUCENA, Maria Diva da Salete. **Planejamento estratégico de recursos humanos.** São Paulo: Atlas, 2017.

EMPLOYEE EXPERIENCE: A EXPERIÊNCIA DO COLABORADOR

Há muito tempo as organizações vêm buscando alcançar a satisfação dos seus clientes, afinal são eles que compram os produtos e serviços. É bem verdade que a grande maioria das empresas não conseguiu ainda atingir um patamar de excelência em termos de experiência oferecida àqueles que pagam as contas, mas sem dúvida, devemos reconhecer, que já avançaram muito nessa seara. E essa preocupação em ter clientes felizes e satisfeitos se justifica totalmente, afinal eles são a medida do sucesso de qualquer empresa.

Nesse contexto, as empresas despertaram para a necessidade de cuidar de quem cuida dos clientes, isto é, lembraram-se de quem contribui para que os produtos e serviços cheguem aos consumidores. Em outras palavras se é preciso garantir uma boa experiência para o cliente, também se deve propiciar uma boa experiência para quem está nos bastidores: os empregados.

Esse é um sinal dos novos tempos e de uma maior conscientização das organizações a respeito da mudança no comportamento e na forma de pensar das pessoas, principalmente após a pandemia, as quais passaram a priorizar qualidade de vida e bem-estar dentro e fora do trabalho.

Por outro lado, o mercado consumidor está cada vez mais exigente e as empresas que realmente intencionam se manter competitivas, precisam de colaboradores que se disponham a colocar toda sua experiência e competências à disposição da empresa.

Considerando esse cenário faz todo o sentido adotar estratégias que visem a valorização dos colaboradores, bem como que fortaleçam a relação entre eles e a empresa, para tanto cabe ouvi-los para entender como tornar a experiência de trabalho mais satisfatória e o ambiente de trabalho mais acolhedor. A consequência esperada é que haja, maior engajamento por parte das equipes e atração e retenção de talentos mais adequados, por conseguinte, clientes mais satisfeitos e mais receita.

A lógica é considerar os colaboradores fornecedores da empresa (competências, trabalho, *expertises* etc.) e mais especificamente clientes do RH, uma vez que essa área segue uma lógica de oferecer seus processos com serviços às pessoas (recrutamento, seleção, contratação, remuneração, treinamentos e muito mais). Assim, se a empresa cuida da experiência do cliente a administração de recursos humanos cuida da experiência dos colaboradores.

Diante de tal conjuntura, surge o que chamamos de *employee experience* ou traduzindo para o português a experiência do colaborador, conceito derivado da experiência do cliente (*customer experience*). A experiência do colaborador pode ser entendida como um conjunto de estratégias criadas para cuidar da experiência dos colaboradores em toda a sua jornada na empresa, ou seja, desde o recrutamento (antes de ser contratado) até seu desligamento, incluindo o ambiente físico, tecnológico, cultural e psicológico oferecidos pela empresa.

É bastante coerente considerar o colaborador como um parceiro e tratá-lo como um cliente, pois no final das contas é ele ou ela quem todos os resultados para a organização. Se for um colaborador-gestor é ele quem planeja, organiza, dirige, coordena e controla e se for um colaborador-funcionário é ele quem executa os planos, constrói os produtos, presta os serviços. Enfim, sendo colaborador é quem realmente se relaciona com os clientes e obtém os resultados para a organização. Em resumo deve se tratar de um relacionamento ganha-ganha em que o funcionário assim como os clientes, se beneficia da empresa ao mesmo tempo em que gera benefícios.

Lembremo-nos que os colaboradores, como os clientes, têm necessidades e expectativas que embora sejam diferentes, também devem ser atendidas, para que continue na e com a organização, como, por exemplo, remuneração adequada, bons relacionamentos com colegas e gestores e à própria empresa como um todo.

Um colaborador, também como um cliente, pode ser um promotor, falar bem da empresa e defendê-la verdadeiramente ou um detrator, aquele que fala mal e denigre a imagem da organização, portanto, ninguém duvide que um funcionário insatisfeito possa prejudicar e até arruinar a reputação tanto ou mais que um cliente.

Quando uma empresa adota a filosofia do *employee experience* e procura realmente proporcionar uma experiência positiva para seus profissionais ela espera que seus profissionais se encantem pelo negócio, compartilhem seus valores abracem sua missão e acreditem em sua missão.

Mesmo que você não tenha o objetivo de aparecer nessas listas, isso mostra que esse tipo de investimento abre portas para que você lidere o seu mercado de atuação e se destaque dos concorrentes. Existem pesquisas que mostram que as empresas que investem em *employee experience* têm maiores chances de aparecerem nas listas de melhores empresas para trabalhar ou das mais inovadoras.

Uma empresa que adere ao *employee experience* não tem como objetivo tornar a empresa famosa como um bom lugar para trabalhar, mas se a estratégia for bem executada isto vai acontecer como consequência natural, o que também contribuirá para atrair clientes, afinal eles só compram de quem conhecem.

Em síntese, investir em boas práticas de *employee experience*, valoriza não só a marca empregadora, mas também a marca comercial como distintiva de produtos e serviços prestados por gente boa que preza o que faz. Por conseguinte, os resultados corporativos (receita, lucro, só para citar alguns) aumentam, assim como os indicadores próprios do RH (por exemplo, rotatividade, absenteísmo) irão apresentar algum impacto positivo. Os custos e despesas são reduzidos, pois os gastos com contratação e demissão de funcionários são reduzidos, ademais a produtividade e o alinhamento do time são incrementados. Outros ganhos também são notados, o aumento da motivação e a atração dos melhores talentos para o negócio, tendo em vista o reforço que a marca empregadora recebe.

Considerando o que já foi exposto até agora, já podemos identificar por onde começar a implementar uma política robusta de *employee experience*. Falamos que se trata de transformar a jornada do empregado, portanto, o início de tudo é o processo seletivo que deve ser amplo e inclusivo, com provas, testes, dinâmicas e avaliações que também permitam aos candidatos ganharem confiança, experiência e conhecimento, ou seja, mesmo os reprovados devem sentir que mesmo não sendo aprovados conseguiram um aprendizado valioso e continuam interessados em fazer parte da empresa.

O *employee experience* continua com a contratação do colaborador, dessa forma é importante criar um *onboarding* acolhedor e agradável para os novos profissionais que entram na empresa já se sintam em casa desde o primeiro contato, evitando o estresse e a ansiedade que a integração a um ambiente desconhecido por quem chega pode gerar.

Ademais, o recrutamento, a seleção e finalmente a contratação devem ter em conta a cultura da empresa, não só para se evitar um choque cultural, mas principalmente para garantir que os novatos se alinhem rapidamente com o time e aos valores da organização de forma que o noviço também seja capaz de contribuir ativamente para uma boa jornada de todos dentro da empresa.

Investir pesadamente nos talentos disponíveis é essencial para garantir uma experiência positiva dessa turma na organização, destarte, procure literalmente inspirar mesmo os melhores profissionais a serem ainda melhores, oportunizando cursos, treinamentos, leituras e quaisquer outras formas de desenvolvimento, inclusive *coaching*, *mentoring* e *counseling*. Afinal, o propósito de todos é prosperar e para isso o negócio precisa crescer.

Vale lembrar de que as relações dentro da empresa precisam ir além das puras relações de trabalho, não que todos tenham que ser amigos fraternos, mas precisam ser camaradas e terem confiança uns nos outros, para que se obtenha verdadeiramente uma boa experiência. Por conseguinte, investir nos talentos é também apoiá-los no autodesenvolvimento.

Mostrar uma valorização real dos profissionais que fazem os resultados da empresa por meio de um plano de carreira que reconheça o esforço e o mérito de todos e de cada uma cria um clima organizacional aprazível e gera um ambiente de trabalho colaborativo e de crescimento tanto profissional quanto pessoal.

As pessoas são diferentes e os colaboradores de qualquer empresa por mais que comunguem dos mesmos objetivos e valores são diferentes entre si e tais diferenças são evidenciadas na maneira de trabalhar, na forma como veem o mundo, no jeito de interagir com os colegas, nas preferências pessoais e profissionais, entre outros, por isso é importante todos saberem que isso não é um problema, mas uma vantagem e que por isso mesmo as diferenças são valorizadas e celebradas.

Assim, sendo, o *employee experience* impõe que a empresa, suportada pelo RH, atue ativamente defendendo, respeitando as peculiaridades de cada um dos colaboradores e valorize ativamente a diversidade de sua força de trabalho. Esse esforço se traduz no oferecimento de benefícios flexíveis, na disponibilização de jornadas de trabalho personalizadas sempre que o trabalho permita e solidariedade com aqueles funcionários que enfrentam problemas e dificuldades alheios à sua vontade.

Outra prática que não pode ser negligenciada é o endomarketing, isto é uma gestão da comunicação interna eficiente e transparente para sempre comunicar tempestivamente o que está acontecendo dentro e fora da empresa e que seja de interesse dos colaboradores, sem subterfúgio, desde as coisas boas até os piores problemas.

Em qualquer situação e nível a comunicação precisa ser não agressiva, realizada com tato e respeito, principalmente nas situações de *feedbacks* corretivos e notícias negativas, sempre empaticamente com o colaborador e genuinamente se importando com ele ou ela. Vale destacar que ao comunicar problemas, os verdadeiros talentos tomam consciência de que eles existem e, com isso, trabalham ativa e criativamente para melhorar.

Como já se deve ter imaginado, a introdução dessa estratégia aumenta a produtividade dos colaboradores simplesmente porque o *employee experience* contribui inequivocamente para a melhoria do clima organizacional, e isso, sabemos contribui para aumentar o engajamento dos colaboradores, fazendo com que se reduzam conflitos no ambiente de trabalhos e permitindo que se sintam mais motivados para desenvolver suas tarefas, aumentando produtividade naturalmente.

A aplicação do *employee experience* ajuda muito a atrair e reter talentos, sempre tão escassos no mercado, afinal, os talentos não são atraídos e retidos nas empresas apenas pelo salário, mas pela proposta de valor oferecida, que no caso é diferenciada e faz sentido para cada um dos talentos. Além do mais, se a experiência do colaborador está valendo na empresa, então com certeza o clima organizacional, a reputação do negócio no mercado e a valorização profissional estão funcionando e é esse pacote que influi decisivamente na decisão dos talentos.

Talvez ainda não tenha sido percebido e por isso chamamos atenção para o fato que o *employee experience* ajuda significativamente a melhorar a qualidade de vida dos colaboradores, pelo simples fato que não se consegue dissociar vida pessoal de vida no trabalho como hoje sabemos. De fato, se o *employee experience* favorece o desenvolvimento de boas relações interpessoais no trabalho melhorando o clima organizacional, então é justo esperar que trabalhem bem e mais felizes, logo essa alegria também repercute no ambiente fora do trabalho. Esse é um benefício nem sempre lembrado, mas de extrema importância para os empregados e seus familiares.

Aqui devo fazer o alerta de que *employee experience* não significa de modo algum a implantação de uma nova tecnologia, na realidade, espero que tenha ficado claro, trata-se da jornada do colaborador na empresa e de suas experiências, portanto, a tecnologia pode até ajudar nesse processo simplificando processos e desburocratizando certas atividades, mas de forma nenhuma consegue, por si só, transformar toda uma jornada de insatisfatória para feliz.

De fato, a tecnologia pode ser (e geralmente é mesmo) muito útil, sem dúvida é um fator de facilitação sobretudo para conhecer a percepção dos colaboradores sobre as suas respectivas jornadas na empresa e para coletar opiniões e sugestões de melhorias, bem como as dores dos empregados. Todavia vale mais um alerta de que de nada vale contar com tecnologia de última geração se a organização e seus gestores não estiverem realmente comprometidos a melhorar a experiência de seus colaboradores.

Na verdade, a gestão da jornada do colaborador tem mais a ver com mudança cultural, por isso, assim como no planejamento estratégico, aqui também é fundamental criar planos de ação e, muitas vezes, até mesmo contratar uma consultoria especializada para ajudar nesse processo de transição.

Apenas para citar um exemplo, a Dell fabricante de computadores possuía um bot programado com inteligência artificial, nomeado de Adelle para atender e interagir com clientes que era muito bem avaliada. Se é bom para os clientes, devem ter pensado, também deve ser bom para os colaboradores e dessa forma Adelle passou a realizar o treinamento de todos os profissionais de Tecnologia que atendem aos clientes.

Quem não tem muito recursos ou tecnologia não precisa ficar de braços cruzados esperando pela oportunidade de começar a praticar o *employee experience* porque pequenas coisas podem fazer grande diferença nas experiências do colaborador, como, por exemplo, ouvir o que eles e elas têm a dizer, reconhecer os méritos e conquistas individuais e em equipe, comunicar-se de maneira clara e transparente, permitir flexibilidade de horário (se o tipo de tarefas permitir), são exemplos de algumas medidas que não custam nada e causam enorme impacto na percepção das pessoas. Do ponto de vista dos processos de RH pode-se de imediato também dar abertura para a diversidade no recrutamento e seleção de forma a construir equipes mais diversas, atualizar ou definir um novo plano de carreira etc.

Por outro lado, pode haver coisas que estragam a jornada dos colaboradores e que estejam acontecendo, as quais também podem ser corrigidas imediatamente, pois não geram custos e impactam favoravelmente na experiência dos colaboradores, como favoritismo, ausência de *feedbacks* contínuos, critérios de avaliação de desempenho subjetivos, más condições e desorganização do ambiente físico de trabalho, falta de integração quando o empregado começa a trabalhar na empresa e muitas outras mais, basta ficar mais atento ou atenta ao ambiente de trabalho e ter disposição para melhorar essas disfunções.

Para compreender o que está influenciando negativamente as experiências dos colaboradores pode envolver a realização de pesquisas com eles por meio de diversas maneiras, tais como entrevistas individuais, dinâmicas de grupo e pesquisas de clima organizacional. Existem vários softwares e aplicativos no mercado, alguns bem acessíveis, que permitem obter o máximo de informações possíveis sobre a percepção dos colaboradores em relação à empresa de forma contínua.

Recomendo usar uma ferramenta muito fácil denominada de mapa da jornada, que consiste em descrever cada uma das etapas pelas quais os colaboradores passam durante o seu ciclo de vida na empresa, desde a inscrição em um recrutamento até a aposentaria, rescisão ou demissão. Cada uma das etapas deve ser desenhada detalhadamente para destacar os resultados esperados pela empresa e pelos colaboradores. Mais um alerta, é que jornada do colaborador e seu ciclo de vida na empresa não são lineares, eles possuem diversas fases e transições que devem ser consideradas no desenho do mapa da jornada.

É relevante alinhar as experiências do colaborador com a maneira como a empresa deseja que sua marca empregadora seja reconhecida propiciando características do ambiente de trabalho condizentes com a marca e a proposta de valor.

Acredito que você conseguiu perceber que o *employee experience* reconhece o valor e a importância dos talentos e inverte a lógica de atuação das organizações mais tradicionais, porque coloca o colaborador em pé de igualdade com os clientes da empresa ao tratar os empregados com usuários dos serviços do RH, podendo trazer diversos benefícios para empresa, clientes e empregados. Praticar o *employee experience* é um investimento com retorno garantido, pois times compostos por talentos diferenciados e dispostos a produzirem com 100% de seu potencial podem fazer com que a empresa seja destaque no mercado.

REFERÊNCIAS

MADRUGA, Roberto. **Employee experience, gestão de pessoas e cultura organizacional**. São Paulo: Atlas, 2021.

MADRUGA, Roberto. **Gestão do relacionamento e customer experience – a revolução na experiência do cliente**. São Paulo: Atlas, 2018.

TREINAMENTO E DESENVOLVIMENTO

A verdade é que as organizações hodiernamente preocupam-se muito com essa questão, pois o treinamento de talentos continua sendo um enorme desafio para muitos RH, isso porque apesar das vantagens do desenvolvimento de talentos serem evidentes, ela demanda muito trabalho e atenção especial.

O treinamento e desenvolvimento de talentos pode ser compreendido como uma estratégia completa de administração de recursos humanos para encontrar, selecionar, treinar, desenvolver e reter os melhores profissionais para a organização e mantê-los assim. Trata-se de uma solução que não termina com a contratação dos talentos, mas que continua, por toda a jornada dos colaboradores, auxiliando-os a desenvolverem as suas competências profissionais e pessoais.

Essa estratégia não abrange apenas o treinamento propriamente dito, mas inclui o desenvolvimento de carreiras dos empregados, a gestão do desempenho, o planejamento da sucessão, a identificação dos colaboradores-chaves e o desenvolvimento e aprendizado da própria empresa.

Na disputa desenfreada pelos melhores recursos humanos para obter vantagens competitivas relevantes, o foco da gestão de pessoas é no desenvolvimento humano contínuo e por toda a vida visando a criar uma equipe de trabalho superior, a fim de que a empresa consiga realizar seus objetivos estratégicos.

Nesses cenários em que as pessoas talentosas são a principal fonte de criatividade, inovação e riqueza de uma empresa, elas precisam ser prioridade, para que possam utilizar todo seu potencial em benefício da organização e da melhor forma possível. Um bom sistema de gestão de talentos não prescinde do treinamento e desenvolvimento das pessoas em todos os níveis, pois assim aumenta significativamente a probabilidade de uma organização ter desempenho superior ao de seus concorrentes. Em síntese, se a empresa quer ter sucesso e resultados em nível de excelência, ela precisa dispor de uma cultura de nutrir talentos e isso significa colocar a jornada dos colaboradores em primeiro lugar.

As organizações que realmente querem fazer gestão de talentos, devem garantir capacitação e transparência em todos os processos de administração de recursos humanos da empresa. As pessoas precisam saber e compreender como funcionam os processos de remuneração e recompensas, bem como o escopo dos cargos e salários. Também é importante propiciar um ambiente livre de estresse e incerteza, pois são fatores que levam gente talentosa a se movimentar pelo mercado não só em busca de melhores recompensas, mas também procurando oportunidades de aprendizado.

Muitas empresas falham na gestão de talentos porque focam apenas na questão salarial, oferecendo uma excelente remuneração inicial, mas depois esquecem de manter tanto o salário quanto os benefícios alinhados como o mercado e as oportunidades de aprendizado, ou seja, deixam as recompensas sem reajustes que cubram a inflação e não desenvolvem as pessoas preparando-as para novos desafios.

No Brasil o índice de preços é sempre um fantasma que vive assustando não só os economistas, mas a população em geral. Ficar esperando a insatisfação dos colaboradores com uma questão tão básica é um pecado mortal do RH, porquanto num cenário de altas taxas inflacionárias não demora muito até um talento receber uma nova proposta de trabalho que seja mais atraente ou que simplesmente lhes dê chances de aprender coisas novas e crescer profissional e pessoalmente.

Além da proatividade do RH para manter o pacote de recompensas sempre desejado, é recomendado ainda estar preparado para oferecer oportunidades de renegociação e crescimento profissional ao longo de toda a jornada do empregado na organização, a fim de evitar esse gatilho que pode disparar a evasão de talentos.

A empresa que ignora ou finge ignorar as necessidades de seus empregados está dando um forte recado de que não preza por sua força de trabalho e aos poucos vai perdendo o interesse, o engajamento, o compromisso, a dedicação e a confiança de seus empregados. Nunca se deve esquecer que a relação de trabalho é uma troca que só se mantém até quando for vantajosa para ambas as partes envolvidas.

Superada essa questão básica, isto é, garantindo-se a manutenção contínua da atratividade do pacote de recompensas oferecido aos empregados, pode-se avançar para questões mais subjetivas, como a necessidade de conexões das pessoas no trabalho, as quais não podem ficar restritas aos "bom dia, boa tarde e boa noite" automáticos nem às telas de computadores e aplicativos de comunicação.

As pessoas precisam sentir que podem aprender e contar com seus colegas de trabalho e vice-versa, o que só acontece quando estamos em um clima organizacional ameno e saudável, afinal, pessoas que se sentem isoladas ou deslocadas em um ambiente facilmente se sentem tentadas a deixarem esse local e buscar outros em que se sintam melhor acolhidas.

Não dá para falar sobre gestão de talentos sem abordar o mapeamento de competências que consiste em um processo de identificação de competências-chave para a realização da missão da empresa e atingimento de sua missão, isto é, dos conhecimentos, habilidades e atitudes que as pessoas devem possuir de modo a sustentarem as competências da organização como um todo.

O produto do mapeamento de competências, ou seja, o mapa de competências, é utilizado nos processos de recrutamento, seleção, avaliação de desempenho, treinamento e desenvolvimento, sucessão e de planejamento de recursos humanos. A estrutura de competências é base não só para a gestão dos talentos, mas para todos os processos de gestão de pessoas.

Nesse cenário, para mapear competências e levantar necessidades de capacitação, treinamento e desenvolvimento é preciso ir muito além de apenas entrevistar os líderes que normalmente apresentam suas respectivas visões das necessidades de desenvolvimento dos membros de seus times com foco nos resultados que precisam ser obtidos. É preciso incluir e compreender individualmente as dores dos empregados para oportunizar conteúdos, metodologias e ferramentas para que as equipes assimilem e apliquem as competências adquiridas.

De fato, não existe gestão de talentos sem gestão por competências, muita gente até usa os dois termos como sinônimos, pois quando as competências se tornam o principal parâmetro da administração de recursos humanos, fica muito mais fácil e assertivo ocupar todos os cargos e funções com as pessoas mais adequadas, isto é, com os talentos certos, o que gera ganhos de produtividade e mais chances de sucesso nos negócios.

É imprescindível para gerir talentos que haja papéis claramente definidos e um mapa de competências necessárias para executar cada função muito bem definidos, porque dessa forma, o comportamento individual é mais bem compreendido e alinhado às necessidades das áreas e da própria empresa como um todo. Assim, um talento é a pessoa que possui as competências requeridas para executar um trabalho e entregar resultados com um desempenho consistente e superior ao da maioria das pessoas.

A gestão por competências cria uma cultura organizacional de meritocracia voltada ao crescimento e desenvolvimento contínuo das pessoas, que é o terreno fértil para aflorarem talentos que buscam melhorias nos processos e criam soluções cada vez melhores para os clientes.

O monitoramento e análise das lacunas de competências é o que ajuda a empresa a procurar no mercado os talentos certos (aqueles que possuem as competências desejadas) ou a desenvolver os talentos internos (empregados que possuem ou tenham a capacidade de desenvolver as competências requeridas) recompensando-as pela performance apresentada e pelo aprendizado alcançado.

Daí podemos dizer que a gestão por competências é que viabiliza o desenvolvimento de talentos e até permite a criação de um banco de talentos, instrumento crucial para que a organização tenha sempre uma reserva de talentos (pessoas competentes, com as competências necessárias) de modo que a organização não sofra com a falta de recursos humanos devidamente treinados e preparados.

Por melhor que seja o talento e por mais alto que seja seu desempenho, não há talento perfeito e todos eles necessitam de treinamento e desenvolvimento, na verdade, a maioria gosta de treinamentos porque é questão de sobrevivência aprender sempre mais. Por isso, o *feedback* contínuo pode ser considerado, se bem-feito, tanto um instrumento de retenção quanto de desenvolvimento de talentos.

Esse tipo de *feedback* consiste na avaliação contínua dos resultados e desempenho dos colaboradores sempre que necessário e não apenas de acordo com frequências preestabelecidas.

Ele permite identificar oportunidades de melhoria no ato, reconhecer e acompanhar a execução do trabalho mais de perto e se integra perfeitamente à avaliação de desempenho realizada periodicamente sob as orientações da empresa.

O *feedback* é um importante meio de auxiliar os talentos a compreenderem as expectativas (o que se espera deles) e como estão indo em termos de metas, resultados e comportamentos. Em outras palavras o *feedback* contínuo é uma ferramenta para ajudar a pessoa a obter melhor desempenho. Entendido assim, o *feedback* é sempre bem-vindo pelos talentos, porque os ajuda a melhorar, ao contrário de críticas e julgamentos que pouco efeito surtem em se tratando de pessoas talentosas.

A decorrência natural do *feedback* é o processo de treinamento e desenvolvimento, que se constitui em uma excelente oportunidade para expandir o domínio das competências e por conseguinte manter os talentos sempre atualizados e produtivos.

Na realidade, o processo de treinamento e desenvolvimento – T&D é vital para qualquer organização que visa a progredir em seu mercado, uma vez que ele propicia a aquisição ou desenvolvimento dos conhecimentos, habilidades e atitudes que faltam ao colaborador. O T&D também pode ser aplicado para refinar uma habilidade já dominada ou garantir que o colaborador alcance o seu melhor desempenho.

Nesse sentido, é responsabilidade realizar levantamentos contínuos de necessidade de treinamento em consonância com a matriz de competências a fim de que a organização sempre conte com talentos devidamente capacitados e de prontidão quando necessário, mesmo em situações de crise, inclusive no caso de sucessão imprevista (acidentes, por exemplo).

A prática da avaliação de desempenho é um processo extremamente valioso, como já vimos, mas quando se trata de talentos, devemos avaliar também por competências para analisar o desempenho recente, todavia concentrando-se principalmente sobre os objetivos e metas futuras, isto é, avaliar o passado e o presente (missão) com o foco no futuro (visão).

Isso se faz necessário porque desempenho passado não garante desempenho futuro e as competências atuais, que trouxeram o sucesso para a empresa muito provavelmente não serão as mesmas que levarão a organização para o sucesso vindouro.

Com efeito, a avaliação por competência ideal é um processo contínuo de construção de conhecimentos, habilidades e atitudes de forma dinâmica com o intuito de identificar e suprir competências que serão necessárias para a empresa permanecer à frente da concorrência.

Dessa forma, a empresa, se beneficiará de uma maior produtividade e rentabilidade no presente, cuidando que no futuro seu desempenho continue a melhorar e que os colaboradores tenham as competências e os meios de alcançar os objetivos futuros.

Sendo assim, recomenda-se a adoção de uma estrutura de avaliação de desempenho por resultados e competências, combinada com a metodologia das avaliações 360° para proporcionar um amplo espectro de *feedbacks* de desempenho sobre os colaboradores e sobre a equipe de liderança muito mais rico ao captar informações e percepções de todas as partes interessadas que levam a ações de educação mais eficientes e assertivas.

A maioria das empresas reconhece a importância dos programas de treinamento e desenvolvimento de pessoas e algumas até consideram também o processo de gestão do conhecimento para o desenvolvimento de seus profissionais e equipes, afinal, não se descobriu até o momento maneira mais eficaz para fortalecer os conhecimentos, habilidades e atitudes de seus empregados e para impulsionar a obtenção de vantagem competitiva no mercado. O desafio é adaptar esses programas à realidade tecnológica atual e escapar dos treinamentos que utilizam métodos de aprendizagem formais e burocráticos, cujos resultados às vezes nem compensam o tempo que o empregado deixa de trabalhar para ser treinado em algo que não agrega nenhum valor a ele ou à empresa. Nesse sentido, vale a pena refletir sobre os cinco níveis de avaliação de uma ação de treinamento.

- **1º Nível:** avaliação de reação que procura captar a percepção do treinando à cerca da experiência, isto é, em relação ao ambiente, conteúdo, instrutor, recursos disponibilizados, relevância, utilidade para o desenvolvimento pessoal e profissional e até sobre o *coffee break* servido. A reação pode ser avaliada por um formulário no qual o treinando pontua cada item numa escala de 0 a 10, por exemplo.

- **2º Nível:** avaliação de aprendizagem que tenta verificar o aprendizado, ou seja, se os objetivos do treinamento foram alcançados, tais como aquisição de novos conhecimentos, habilidades ou atitudes. Para tal, aplicam-se testes escritos, práticos ou simulados, dependendo do que foi ensinado. Recomenda-se que essa avaliação seja feita antes e depois do treinamento para verificar o quanto foi aprendido.

- **3º Nível:** avaliação de desempenho averigua se o treinamento gerou mudança de comportamento nos treinandos, ou seja, se estão colocarem em prática o que aprenderam. Essa avaliação deve ser realizada algum tempo depois do treinamento, no local de trabalho por meio de um *checklist* do comportamento, por indicadores de produtividade ou pelas avaliações de desempenho periódicas etc.

- **4º Nível:** avaliação de resultados Avaliação de Resultados identifica se o treinamento contribuiu com os resultados do negócio, por exemplo, se as vendas aumentaram, se a satisfação do cliente melhorou, se os custos diminuíram, enfim, se os objetivos e indicadores chave da empresa foram impactados positivamente. Também se recomenda medir os mesmos indicadores antes e depois do treinamento.

- **5º Nível:** avaliação do retorno do investimento, o famoso ROI na sigla em inglês (*Return On Investment*) que detecta se tudo o que foi investido no treinamento (horas, materiais, contratação de instrutor, tempo etc.) compensou o resultado obtido. Em síntese se o resultado gerado superou o investimento realizado.

Treinamento e desenvolvimento de pessoas envolve um conceito mais amplo, o de desenvolvimento do potencial humano, cuja aplicação abrange modalidades e tecnologias educativas ativas presenciais e a distância que visam à aquisição ou aprimoramento de competências ligadas ao desenvolvimento pessoal, profissional e do negócio da organização. Podem-se construir trilhas de aprendizagem com infinitos recursos, tais como jogos (*gamification*), simulações, design *thinking*, *microlearning*, aprendizagem baseada em problemas (ABP), vídeos, *quizes*, palestras, *coaching*, mentoria e soluções customizadas às necessidades de cada colaborador, porque hoje a inteligência artificial, e outras tecnologias permitem isso e chegam ao empregado em qualquer hora e lugar. Nesse sentido a educação corporativa e os programas de desenvolvimento de liderança são estratégias de retorno rápido e garantido.

Como dito, atrair e reter talentos é apenas parte do trabalho, pois em plena 4ª Revolução Industrial, na qual o conhecimento constitui o ativo mais valioso dos negócios, os colaboradores necessitam aprender a aprender de forma contínua e por toda a vida para dar conta do gap de conhecimento que surge a cada dia nas empresas.

A velocidade das mudanças e da criação de novos conhecimentos e tecnologias, impõe que os RH extrapolem o antiquado treinamento modelo "instrutor fala por horas e treinando escuta" e arquitetar ações sistêmicas de educação corporativa para transformar pessoas em talentos e garantir que os talentos continuem sendo talentos. Sem essa visão, haverá perda de talentos e de competitividade que poderão ser fatais à organização.

O novo perfil do profissional de RH inclui atuar como um verdadeiro líder educador que sabe selecionar, desenvolver e implementar as melhores metodologias e ferramentas educacionais para tornar o treinamento e desenvolvimento verdadeiramente uma grande experiência de aprendizado participativo e colaborativo para os empregados.

A cereja do bolo na gestão e desenvolvimento de talentos é a ferramenta que chamamos de Matriz de Desempenho e Potencial – MDP ou como é mais conhecida Matriz Nine Box (Matriz 9-Box). Ela é muito simples, como veremos, mas extremamente eficaz na gestão de talentos, uma vez que ela permite avaliar os talentos nas organizações em duas dimensões: o desempenho passado e potencial futuro em nove posições ou caixas (caixa em inglês é box, daí o nome da ferramenta).

A Matriz 9-Box teria sido inventada nos anos de 1980 para ajudar as empresas norte-americanas a escolherem em quais negócios deveriam investir mais ou menos, portanto, ela surgiu como uma ferramenta de gestão de negócios, porém, aos poucos foi sendo adaptada pelo RH para ser usada, com a mesma eficiência e eficácia, também na gestão de pessoas. A sua grande vantagem é permitir acompanhar visualmente a performance e o potencial dos colaboradores, classificando-os em nove posições.

A lógica é realmente bem fácil de ser entendida e aplicada, senão vejamos: quando a empresa contrata um empregado, a expectativa é que ele ou ela aplique toda a sua competência para ajudar a organização a cumpri sua missão e atingir seus objetivos, mas não só. Espera-se também que essa pessoa tenha potencial para se desenvolver e assim continuar, ao longo de sua jornada dentro da organização, contribuindo com o alcance das metas e objetivos, isto é, não só a cumprir a missão, mas também a atingir a visão empresarial.

A Matriz 9-Bbox ajuda então a avaliar o desempenho e os futuros potenciais da equipe e oportuniza ao RH focar em desenvolver todos os talentos da empresa. Como benefícios assessórios ainda ajuda na construção de planos de sucessão e na tomada de decisões de gestão de pessoas.

Ademais, se utilizada de forma correta, isto é, tecnicamente, ela possibilita entender a realidade do time dentro do contexto organizacional, com transparência total entre os colaboradores e gestores, pois ao se enxergar (literalmente) as contribuições e o potencial de cada membro da equipe, é mais fácil definir estratégias para melhorar a performance e manter o foco nas metas corporativas, além de, identificar objetivamente os profissionais que não estão performando bem e assim também traçar estratégias de correção do desempenho.

A razão mais importante para se adotar a Matriz 9-Box é identificar e acompanhar os talentos que já estão prontos para uma promoção a uma função ou cargo mais estratégico, além disso, ela ajuda a desenvolver colaboradores com alto potencial e monitorar aqueles que precisam de treinamento ou ações mais específicas.

Destarte, ela permite que o RH e a gestão de pessoas se tornem mais estratégica, eficiente e eficaz, uma vez que se baseiam em informações mais concretas e objetivas para descobrir novos líderes, desenvolver treinamentos e conferir reconhecimentos e bonificações. Vamos ver a Matriz 9-Box, assim, ficará mais claro como ela funciona.

Matriz 9-Box

B7	B8	B9
B4	B5	B6
B1	B2	B3

POTENCIAL

DESEMPENHO ATUAL

Box 1 – Insuficiente: esse colaborador tem baixo potencial baixo desempenho, logo corre até o risco de ser desligado, portanto, o RH precisa criar um Plano de Desenvolvimento Individual – PDI e monitorar continuamente para observar sinais de melhora.

Box 2 – Eficaz: esse empregado apesar de ter baixo potencial, atinge o desempenho esperado, portanto, é um especialista em sua função, mas não tem potencial de crescimento, por isso o RH deve procurar entender suas motivações e oportunizar treinamentos para elevar o potencial.

Box 3 – Comprometido: esse funcionário apresenta baixo potencial, mas tem um alto desempenho, acima do esperado, logo é um especialista em sua função e, com certeza, será difícil de ser substituído. O gestor imediato deve atentar-se na identificação de fatores que o mantenham motivado.

Box 4 – Questionável: esse empregado tem potencial médio e desempenho baixo, ou seja, ele não entrega o que é esperado dele, porém, existem evidências de um possível desenvolvimento, portanto vale a pena investir em treinamentos para capacitá-lo.

Box 5 – Mantedor: esse colaborador tem potencial e desempenho em nível médio, logo tem possibilidade de mudar para outro cargo ou função de mesma complexidade. Como já se encontra no caminho certo, o RH precisa oferecer oportunidades de transformar um pouco mais o potencial em desempenho.

Box 6 – Forte desempenho: o empregado apresenta médio potencial, mas tem alto desempenho (acima do esperado), então já pode mudar de função com o mesmo nível de complexidade. Recomenda-se que o RH estude a possibilidade de conferir reconhecimentos por meio de aumentos salariais para manter a motivação.

Box 7 – Enigma: possui alto potencial, mas baixo desempenho, geralmente são colaboradores novos na função. O baixo desempenho pode ser devido ao período de adaptação, mas como tem alto potencial, o RH deve observá--lo com atenção. Caso o desempenho não melhore com o tempo, é preciso ir mais fundo e investigar outros fatores internos e externos que possam estar interferindo no desempenho e ajudar a superá-los.

Box 8 – Em crescimento: esse colaborador tem alto potencial e desempenho dentro do esperado, por isso tem forte chance de progredir, não sem antes melhorar seu desempenho. O RH precisa cultivar esse talento.

Box 9 – Alto potencial: esse empregado é o talento pronto, pois tem alto potencial e desempenho acima do esperado. O RH deve providenciar novas funções e cargos mais complexos para que contribuam com todo o seu potencial.

É preciso atentar que a Matriz 9-Box, não serve para avaliar empregados ocupando cargos ou funções em níveis de complexidade muito diferentes, porque as comparações provavelmente serão injustas, uma vez que os funcionários ocupantes de cargos mais elevados naturalmente ficarão nas caixas com melhores classificações da matriz.

Como tudo no RH, a Matriz 9-Box não deve ser aplicada de uma maneira muito rígida, pelo contrário, trata-se de uma ferramenta para fornecer referências sobre os empregados a partir de informações sobre potencial e desempenho.

Por fim, cabe alertar que durante e, mesmo depois do processo de construção da Matriz 9-Box, é fundamental que RH garanta o oferecimento de *feedbacks* contínuos para as equipes, porém, tomando o devido cuidado para não desmotivar as pessoas ou pior, dar azo a problemas de relacionamento ou de saúde mental nos colaboradores.

REFERÊNCIAS

CHIAVENATO, Idalberto. **Treinamento e desenvolvimento de recursos humanos:** como incrementar talentos na empresa. Barueri: Manole, 2016.

GRAMIGNA, Maria Rita. **Gestão por competências:** ferramentas avaliar e mapear perfis. Rio de Janeiro: Alta Books, 2017.

GRAMIGNA, Maria Rita. **Modelo de competências e gestão dos talentos.** São Paulo: Pearson Prentice Hall, 2007.

KANAANE, Roberto; ORTIGOSO, Sandra Aparecida Formigari. **Manual de treinamento:** como desenvolver programas de capacitação, treinamento e desenvolvimento do potencial humano. São Paulo: Atlas, 2018.

LEME, Rogério de Oliveira. **[Re]descobrindo a matriz nine box:** identifique talentos e potenciais da empresa – conceitos e aplicação prática da ferramenta na gestão de pessoas, no planejamento estratégico e na gestão em geral. Rio de Janeiro: Qualtitymark, 2013.

LOTZ, Erika Gisele; GRAMMS, Lorena Carmen. **Gestão de talentos.** Curitiba: Inter Saberes, 2012.

MADRUGA, Roberto. **Treinamento e desenvolvimento com foco em educação corporativa:** competências e técnicas de ensino presencial e on-line, fábrica de conteúdo, design instrucional, design timing e gamefication. São Paulo: Saraiva, 2017.

NOE, Raymond A. **Treinamento e desenvolvimento de pessoas:** teoria e prática. Porto Alegre: McGraw Hill; Bookman, 2015.

DESCRIÇÃO E ANÁLISE DE CARGOS

Como visto, o mundo do trabalho vem passando por profundas mudanças, as quais se aceleraram nas últimas décadas, quando novas tecnologias e conceitos tais como inteligência artificial, automatização, profissionais multitarefas, *big data*, entre outras inovações, vêm sendo cada vez mais implantadas nas empresas, para aumentar otimizar processos, elevar a produtividade e até mesmo para tentar tornar os colaboradores mais felizes no trabalho e por conseguinte mais engajados, mas ao mesmo tempo fica mais difícil encontrar verdadeiros talentos.

Nesse sentido, a análise e descrição de cargos tem um impacto enorme no processo em todos os processos de administração e gestão de pessoas, desde o recrutamento e seleção porque se forem bem realizadas, alinha as expectativas de candidatos com as da empresa aumentando as chances de uma possível combinação perfeita entre a pessoa e o que ela precisa fazer na empresa. Assim, vamos iniciar com algumas definições importantíssimas para desenvolvermos uma compreensão melhor do conteúdo deste capítulo.

Cargo: é o conjunto de todas as atribuições que são desempenhadas por uma pessoa em uma organização. Ao se tornar ocupante de um cargo a pessoa assume tarefas, atividades, responsabilidades e, às vezes, também autoridade, por isso, no organograma das empresas os cargos são distribuídos de acordo com seus níveis hierárquicos.

Desenho de cargos: é detalhamento de um cargo, isto é, a especificação das tarefas e atividades (conteúdo), deveres/obrigações, dos métodos de trabalho e das relações do cargo com os outros cargos previstos na organização. Em síntese, trata-se da estruturação do cargo e envolve quatro dimensões: conteúdo, métodos, responsabilidade e autoridade.

Descrição do cargo: é a relação do que a pessoa que ocupa o cargo deve fazer, quando fazer, como fazer, onde fazer e por que deve fazer. Ou seja, é a exposição detalhada do conteúdo do cargo em um documento formal muito útil para o RH direcionar suas ações de recrutamento e seleção.

Análise de cargo: é a definição das características, qualidades e competências que a pessoa que irá ocupar o cargo precisa ter para poder desempenhar bem naquele cargo.

Antigamente era muito fácil desenhar um cargo, porque as tarefas eram simples, repetitivas e rotineiras. Atualmente ainda existem cargos simples em muitas empresas e não é complicado desenhá-los, mas a própria natureza e das relações de trabalho mudaram e frequentemente temos que nos esforçar muito para realizar um desenho pertinente ao que um colaborador precisa fazer. Em certas situações, a pessoa não ocupará um cargo, mas como colaborador, também precisaremos desenhar um conjunto de coisas que essa pessoa precisará fazer. Por exemplo, motorista não é um cargo na empresa Uber, porque embora ela tenha a maior frota de veículos do mundo, não possui os carros nem emprega motoristas. Não obstante, esses motoristas autônomos devem saber o que fazer, como fazer, quando fazer etc.

Em outras palavras, todas empresas precisam saber desenhar cargos, mesmo que não os tenha formalmente, porque é a partir da análise e descrição de cargos que se estabelece a remuneração, os benefícios, os requisitos da seleção, o treinamento para o exercício do trabalho etc.

Por isso, alguns RH preferem ser mais holísticos e consideram mais adequado realizar também uma engenharia ou arquitetura de cargos, que significa construir uma estrutura de cargos que realmente traga os colaboradores certos para a empresa descrevendo os cargos com foco na estratégia da empresa e considerando inclusive os aspectos comportamentais do ocupante de cargo, o que faz todo o sentido, pois como se costuma dizer, as pessoas são contratadas por currículo e demitidas por comportamento.

De fato, o desenho de cargos é algo que requer muita visão estratégica e são inúmeras as vantagens de se realizar um adequado desenho de cargo, como, por exemplo, maior assertividade na contratação, mas é patente que ajuda em diversas outras questões importantes: construção de um plano de carreira efetivo, alta performance dos indivíduos e dos times, melhor definição das funções, orientação por metas e resultados, redução na rotatividade, economia de tempo e de recursos financeiros, facilita identificar necessidades de treinamento na função, orienta promoções, dentre outras.

Para se realizar o desenho de cargos e construir uma engenharia de cargos que atenda às necessidades da organização deve-se considerar o propósito da empresa (missão, visão valores), a percepção do gestor da equipe, as atividades atribuídas ao cargo e a associação de competências técnicas e comportamentais às atividades.

Assim, a coleta de informações é fundamental a realização desse importante trabalho e, quanto mais e melhores informações melhor será o resultado. Para tanto há vários métodos que podem ser utilizados, desde a verificação documental da empresa, até a realização de observação, aplicação de questionários e entrevistas. Realizar benchmarkings também é uma ferramenta útil, porém, não se deve achar que basta copiar as análises e descrições de cargos de outras empresas porque simplesmente não dá para fazer o famigerado "*control* C/*control* V" de cargos de uma empresa para outras, pois cargos com nomes iguais podem ser muito diferentes de uma empresa par outra.

Na verdade, ao formalizar em documento escrito as atribuições, responsabilidades e especificações dos requisitos de um cargo, deve-se primar pela maior clareza e concisão possível, pois esse registro será a base para uma série de processos no RH, reforçando sempre que cada descrição de cargo é única, isto é, as atividades descritas compreendem um cargo distinto em toda a sua complexidade. Vejamos as técnicas de coleta mencionadas.

A observação é um método bem básico de coleta de dados e por isso mesmo é usado e recomendado para cargos cujas tarefas são simples que envolvam operações manuais e tarefas simples e repetitivas. A vantagem da observação direta é possibilitar uma melhor compreensão do trabalho, mas tem a desvantagem de ser um pouco demorado por exigir tempo do profissional do RH responsável pelo desenho.

Os questionários são muito úteis quando tratamos de grupos ocupacionais que permitem ao RH elaborar um questionário padrão para ser respondido por gestores e/ou colaboradores. Antes de eles iniciarem o preenchimento, convém esclarecer os objetivos da descrição, a fim de quem não haja dúvidas quanto às respostas que darão, muito embora sempre conste nos questionários as instruções para seu preenchimento. O maior benefício do uso dos questionários é sua rapidez e economia, podendo até serem distribuídos e respondidos eletronicamente. A desvantagem é o risco de receber questionários preenchidos incorretamente ou de maneira incompleta, o que quase sempre ocorre.

A entrevista é o método predileto do RH para a coleta de dados e não só no desenho de cargos. A entrevista é conduzida pelo profissional de RH com base em um roteiro previamente estruturado, junto ao ocupante do cargo, o que permite coletar informações essenciais sobre o cargo. A maior vantagem de entrevistar diretamente quem faz o trabalho ir direto na fonte dos dados. Geralmente entrevistar também o gestor melhora ainda mais a assertividade das entrevistas. A desvantagem desse método é que além de tempo, exige preparo e experiência dos entrevistadores.

A análise documental é um método acessório, pois a leitura e análise da documentação da empresa relacionada às atividades realizadas pelos colaboradores sempre adiciona algum dado relevante ou adiciona *insights* relevantes ao processo.

Conhecendo os métodos podemos partir para aprendermos as etapas e seus procedimentos mais críticos do desenho de cargos. Começa-se pelo levantamento das informações gerais com o gestor cujo cargo lhe está subordinado e segue-se a escolha do método. Depois se agendam as entrevistas, a distribuição dos questionários ou a observação. Aqui vale lembrar que é possível, se assim julgar necessário, aplicar mais de um dos métodos mencionados.

Qualquer que seja o método ou métodos utilizados para se conseguir bons resultados, é importante criar um clima agradável e de confiança, por isso aconselha-se uma apresentação gentil para quebrar o gelo, quando se avisa que o material produzido será validado pelos envolvidos e assim, eventuais falhas na coleta poderão ser ajustadas.

Tomados esses cuidados pode-se partir para a coleta dos dados da tarefa propriamente dita, começando pelo que fazem, depois para como fazem até se dispor de todo o conteúdo do cargo. De posse de todas as informações, elabora-se a descrição que é apresentada para críticas que precisa ser formalmente aprovada pelo próprio gestor do cargo. A análise começa depois da descrição, qual precisa ser elaborada observando alguns cuidados, dentre os quais destacamos.

- Descrever o cargo e não a pessoa que ocupa o cargo.

- Se possível, deve-se começar a descrição pelos cargos de gestão, pois isso dá ao profissional de RH uma visão geral da área e facilita a descrição dos demais cargos subordinados.

- O conteúdo da descrição deve focar no que é importante para a realização das tarefas, ou seja, deve-se evitar detalhes pouco explicativos e banalidades, porém, a descrição tem que ser suficientemente detalhada para que possa ser entendida, sem omissões nem mal-entendidos.

- Os jargões e termos técnicos devem ser definidos da maneira mais clara possível.

Uma boa descrição de cargo é feita para que um leigo consiga entender e fazer o trabalho descrito, ademais, ela deve ser condizente com a realidade atual e corresponder fielmente ao que se é feito. Não é papel do profissional do RH, nesse processo, julgar o que está certo ou errado, nem propor melhorias a seu bel prazer, porque o que conta é a fidedignidade do relato.

Você já deve estar curioso ou curiosa quanto à formatação de uma descrição de cargo, não é mesmo? Pois bem, o formato básico de uma descrição de cargo inclui pelo menos os seguintes itens: nome do cargo, área do cargo (finanças, marketing etc.), a missão do cargo (ou descrição sumária do cargo), as atividades, a formação e a experiência exigida do ocupante, o número correspondente à Classificação Brasileira de Ocupações – CBO, a formação acadêmica (grau de instrução), as competências (conhecimentos, habilidades e atitudes), treinamentos ou certificações obrigatórias para o exercício da função etc. observando que quanto mais informações relevantes houver, melhor será o documento.

Por isso, o documento pode ser ampliado para incluir quaisquer outras características importantes para uma descrição de cargo mais alinhada com as necessidades da área requisitante e do próprio RH.

Em algumas situações essas informações adicionais se tornam muito úteis e às vezes até imprescindíveis, como no caso de: condições de trabalho insalubres, experiência, indicadores de desempenho, riscos no trabalho, entre outras.

Costumo dizer que o nome diz muita coisa, assim, ao definir o nome do cargo é preferível escolher um que seja comum no mercado de trabalho para que seja facilmente identificável só pela sua leitura. Nesse sentido, damos algumas orientações sobre a escolha do nome de um cargo.

- Evitar denominações genéricas demais como Assessor ou Analista.

- Adotar nomes curtos e objetivos, mas que indiquem claramente a função executada.

- Atentar que há cargos que possuem nomes oficiais e que exigem determinada escolaridade, tais como Administrador, Contador, Atuário, Economista, Médico, Enfermeiro, dentre outros.

- Criar classificações para famílias de cargo (um grupo de dois ou mais cargos com funções semelhantes), isto é, quando os requisitos de um grupo de cargos variar, é possível usar o nome do cargo seguido de seu grau, por exemplo, Administrador I, II, III, IV e V, ou Enfermeiro A, B e C, Meio Oficial, Oficial e Especialista, Júnior, Pleno, Sênior e Master etc.

- Observar que, quando utilizar letras ou números romanos, a letra A ou o número romano I devem corresponder ao menor cargo da família.

- Só adicionar ou usar a palavra Ajudante quando o colaborador ajuda mesmo a uma outra pessoa assim como Auxiliar se o profissional auxilia alguém em uma tarefa.

Use o termo "Ajudante" quando o colaborador ajuda a uma pessoa, por exemplo: Ajudante de Mecânico e Ajudante de Eletricista. Use o termo "Auxiliar" quando um empregado auxilia numa tarefa.

É útil, mas não obrigatório, constar no documento a posição hierárquica do cargo, ou seja, mostrar graficamente a relação de subordinação e autoridade e, nada melhor que incluir um organograma reduzido em que o cargo se localiza (não se trata do organograma da empresa, mas apenas de um recorte).

O Desenho, descrição e análise de cargos é um processo trabalhoso e detalhista que exige do profissional de RH competências de pesquisa, bom senso, análise crítica, capacidade de redação técnica, além de empatia para entender cargos de diferentes níveis hierárquicos e áreas. Esse processo é dinâmico e que precisa acompanhar as transformações de mercado e mudanças internas da empresa para que os documentos gerados sejam tempestivamente atualizados sempre que necessário.

Nesse contexto de mudanças e com o intuito de desenvolver talentos, o RH deve estar atento para permitir a adaptações dos cargos ao potencial de seus ocupantes e esses ajustes podem ocorrer de duas formas: enriquecimento de cargo e *job crafting*.

Enriquecer um cargo significa reorganizá-lo e ampliá-lo para ajustá-lo ao ocupante no sentido de aumentar a motivação por meio do acréscimo de autonomia, identidade com as tarefas, variedade, significado das tarefas e *feedbacks* que são os cinco fatores criadores de condições para a satisfação no cumprimento das tarefas que o ocupante realiza. O enriquecimento dos cargos pode ser horizontal quando acrescenta tarefas ou vertical quando aumenta a complexidade delas.

O *job crafting* é a outra estratégia para motivar os colaboradores no cargo, pois permite que o ocupante do cargo tenha autonomia para transformar seu próprio trabalho a fim de que suas tarefas se alinhem mais aos seus valores e propósitos, dando sentido às suas funções. A aplicação dessa metodologia permite que o colaborador se sinta com um maior controle sobre seu trabalho, criando maior identidade com seu cargo e, por conseguinte, entregar melhores resultados devido a se tornar mais engajado na empresa.

Tanto o enriquecimento do cargo quanto o *job crafting* visam aprimorar a jornada do colaborador melhorar sua experiência tornando-o mais motivado e produtivo sem mudar o seu cargo. No primeiro caso é a empresa que promove o enriquecimento e na segunda opção é o próprio empregado que personalize alguns aspectos de seu trabalho, para que não seja apenas uma obrigação, mas parte de algo maior.

Um bom e conhecido exemplo de *job crafting* é o de um grupo de colaboradores de um hospital que se consideravam parte do processo de cura dos pacientes, pois além de cumprirem todas as suas obrigações laborais ainda arrumavam tempo para ajudar os doentes e suas famílias, o que levou esses colaboradores a se sentirem mais engajados e motivados com o emprego que tinham.

É um grande desafio para o RH desenhar estratégias para fazer com que os funcionários mantenham a alegria no trabalho e uma postura proativa em relação ao seu próprio cargo, mas isso traz diversas vantagens para tanto para os colaboradores quanto para as organizações de que fazem parte.

É fato que colaboradores que sentem fazer algo com sentido, se esforçam mais em suas tarefas, não se prendem às limitações de seu cargo, tornam-se menos propensos ao absenteísmo e a se desligarem da empresa.

Nesse sentido vale o esforço de procurar desenhar cargos que sejam mais dinâmicos e interessantes, porém, verdade seja dita, isso nem sempre é possível, por isso a importância do enriquecimento de cargos e, principalmente do *job crafting* que muitas vezes depende apenas de o gestor não atrapalhar o protagonismo dos empregados e apoiá-los em ações para melhorar a rotina dos cargos que ocupam. Isso geralmente nem custo tem e melhora não só o *employer branding*, mas também a *employee experience*, e ainda por cima, em alguns casos, ajuda até a sociedade por meio de exemplos e ações concretas.

REFERÊNCIAS

GENNARO, Davide de. **Job crafting**: the art of redesigning a job. Bingley: Emerald Publishing Limited, 2019.

PONTES, Benedito Rodrigues. **Administração de cargos e salários:** carreiras e remuneração. São Paulo: LTr, 2021.

SOUTO, Rafael. Felicidade no emprego: conheça o job crafting, conceito que ajuda a ressignificar suas atividades sem precisar apelar para uma eventual demissão. In: **Você S/A** (Online). São Paulo: Editora Abril, 19 dez 2019. Disponível em <https://vocesa.abril.com.br/geral/como-este-novo-conceito-pode-te-ajudar-a-ter-felicidade-no-emprego/> Acesso em: 22/03/2022.

RECRUTAMENTO E SELEÇÃO

O processo de recrutamento e seleção é o responsável por escolher as pessoas que irão fazer parte da empresa e seu objetivo é encontrar os profissionais corretos para ingressarem na organização e fazer o negócio crescer e conquistar o sucesso e a perenidade.

Esse processo também é encarregado de renovar a força de trabalho trazendo novos talentos para completar o efetivo (em caso de desligamentos, rescisões, aposentadorias, falecimentos etc.) e de aumentar a quantidade de empregados para atender demandas de crescimento da empresa.

Trata-se, portanto, de um processo extremamente estratégico, não para o RH, mas para a organização considerada em sua totalidade, pois a contratação de uma pessoa errada afeta negativamente e por muito tempo as atividades da empresa. Se o contrário ocorre, ou seja, se o RH acerta na contratação, a empresa é contempla com um talento que irá somar resultados e gerar valor para a organização com o seu trabalho.

Isso porque esse processo é definido como o conjunto de atividades que visa a fornecer os recursos humanos que a empresa precisa e, como sabemos, a qualidade do produto depende muito da qualidade dos insumos fornecidos, assim, as empresas dependem fundamentalmente da qualidade das competências que as empresas trazem consigo, assim, o recrutamento e a seleção é como se fosse o guardião da empresa porque é funciona como a porta de entrada e, cabe ao RH só deixar entrar as melhores pessoas, ao mesmo tempo em que só deve deixa sair aqueles que estão causando problemas para a organização.

O próprio RH normalmente usa essas duas palavras "re-crutamento e seleção" como se denominassem um só processo, mas é preciso alertar que, na verdade, se trata de dois processos diferentes, muito embora se complementem e dependam um do outro para cumprir suas missões. Em síntese podemos dizer que são os dois lados de uma mesma moeda.

O recrutamento é o comercial ou anúncio da vaga, ou seja, consiste no conjunto de políticas, ações, informações, procedi-mentos, técnicas, processos, enfim, de tudo que o RH faz para atrair candidatos que interessem à empresa para preenchimen-to de suas vagas em aberto. Podemos dizer que o objetivo do recrutamento é trazer o máximo possível de profissionais, de acordo com os requisitos, para o processo seletivo.

Uma etapa importantíssima do recrutamento é a descri-ção da vaga (não do cargo) também chamada de *job description*, porque uma vaga bem apresentada é decisiva para despertar a atenção e o interesse dos talentos que a empresa está procuran-do. O ideal é que o anúncio da vaga seja disponibilizado no ca-nal de comunicação pertinente e seja escrito de maneira inclusi-va, envolvente, transparente e completa com todas as principais informações para o candidato interessado. É bom lembrar que o anúncio da vaga é o primeiro contato da pessoa com a em-presa, e é aqui que se inicia a experiência do empregado, se for contratado, ou apenas a experiência do candidato, caso não seja aprovado no processo seletivo.

Quanto melhor e mais específica for descrita a vaga, maior a chance de atrair candidatos que sejam realmente do interesse da empresa, o que tem a vantagem de evitar excesso de candi-datos sem aderência à vaga gerando perda de tempo para os re-crutadores e os próprios recrutadores. Por isso, alguns cuidados são importantes.

- No nome da vaga, recomenda-se não utilizar siglas nem abreviações, ou seja, o nome deve ser escrito por completo, sem juntar palavras com barrinha, hífen ou o *underline*.

- Na descrição da vaga deve-se aproveitar para vender a empresa, como se diz, ou seja, para convencer que o candidato deve trabalhar na empresa, explicando de forma objetiva e clara o suficiente sobre benefícios extras e diferenciais, a fim de que o candidato possa avaliar se deve ou não concorrer àquela vaga.

- Nas responsabilidades/atribuições da vaga, também não se deve usar siglas nem abreviações. É nesse item que se relacionam as responsabilidades e atribuições que o candidato terá que realizar e as qualidades que se deseja dele ou dela.

- Nos requisitos/qualificações, é necessário clareza e especificidade em relação a que experiências o candidato precisa ter, bem como descrever as qualificações, cursos, certificações e ferramentas, softwares ou aplicativos que o candidato precisa ter.

- É possível acrescentar um tópico complementar para tratar das informações gerais julgadas importantes, como benefícios oferecidos pela empresa, plano de saúde, horário flexível etc. e do regime de contratação, por exemplo.

Criar uma boa descrição de vaga é o passo inicial para atrair candidatos, por isso o anúncio deve espelhar personalidade da organização, mostrando também o que a torna única, isto é, precisa despertar nos candidatos que têm as qualidades buscadas o desejo de fazer parte da empresa.

É claro que as empresas que possuem um bom *employer branding* têm mais visibilidade e despertam maior interesse das pessoas, além disso, já são conhecidas por sua credibilidade e boas condições de trabalho, o que é uma grande vantagem na hora de buscar novos colaboradores. Na verdade, o *employer branding* é uma maneira de não deixar faltarem candidatos para as vagas que se abrem na organização.

Nesse sentido, é uma excelente iniciativa criar uma página de carreiras (se ainda não tem) no *site* da organização, essa página eletrônica também é conhecida pelo nome de "Trabalhe Conosco" e que se constitui em uma ferramenta básica do *employer branding* e um instrumento muito útil para o recrutamento. Essa página deve ser elaborada por um especialista da área de design para ser atraente e bem explicativa, porém, o conteúdo é de responsabilidade do RH.

A página é uma apresentação da empresa, dos seus valores, de sua cultura organizacional, como se fosse uma degustação para os candidatos que encontram depoimentos de empregados da organização, fotos, vídeos institucionais e tudo o mais que a tecnologia oferece para vender uma imagem positiva das experiências dos empregados. Na própria página também encontrarão os anúncios de vagas e um local para registrarem seu interesse nas vagas em aberto, ou seja, a página de carreiras é um canal de recrutamento muito eficaz, porque vão se candidatar pessoas que já têm interesse na organização.

No mundo das tecnologias da informação e das mídias sociais como o que vivemos, a divulgação de vagas não pode prescindir das plataformas *online* especializadas em anúncio de vagas, as chamadas *job boards*, tais como a Catho, Infojobs, Vagas. com, dentre outras. As mídias sociais (Facebook, LinkedIn etc.) também devem ser aproveitadas, além das mídias e ferramentas mais tradicionais como jornais, panfletos, revistas e outras tantas opções.

Uma dica importante é se atentar que, como tudo na vida, o que importa quase sempre é qualidade e não quantidade, assim, convém, se possível, segmentar os canais de comunicação de acordo com a vaga oferecida. Por exemplo, se estiver atrás de estagiários e aprendizes, é melhor usar o CIEE (Centro de Integração Empresa-Escola, https://portal.ciee.org.br/), Nube (Núcleo Brasileiro de Estágios LTDA., https://www.nube.com.br/) ou a Companhia (https://www.ciadeestagios.com.br/).

Chamamos atenção para o cuidado que se deve ter para não colocar na divulgação da vaga informações inadequadas ou insuficientes que possam levar candidatos que não tenham o perfil da empresa a se candidatarem. Esse tipo de falha também pode levar bons candidatos a fazerem a inscrição, iniciarem o processo e, depois de conhecerem todas as condições relativas à vaga, acabarem por desistir, atrasando o processo e consequentemente gerando custos desnecessários à empresa.

Ainda sobre e divulgação da vaga, esta pode ser direcionada apenas para o público interno da empresa, sendo nomeado, portanto, de recrutamento interno. Essa modalidade é muito interessante porque reduz custos e é mais rápida, uma vez que os candidatos já são empregados da empresa e, por conseguinte são conhecidos do RH. O recrutamento interno geralmente implica em mudar de área ou envolve uma promoção, por isso, impacta positivamente no clima organizacional e no comprometimento, porque é uma valorização dos colaboradores, uma vez que a empresa considera primeiro quem já faz parte do quadro de funcionários.

O recrutamento externo ocorre quando o RH busca candidatos de fora da empresa, isto é, que estão no mercado de trabalho, para preencher suas vagas em aberto. A maior vantagem dessa modalidade é trazer sangue novo para a organização, melhor dizendo, promove uma renovação no efetivo porque vem gente de fora, com novas ideias, visões diferentes, competências complementares etc. Essa modalidade exige do RH ainda mais cuidado, para não importar empregados que não tenham aderência à cultura da empresa.

Na maioria das vezes as empresas fazem recrutamentos na modalidade mista, ou seja, atraem candidatos internos e externos. Para mostrar que estão valorizando quem já está na empresa, preenche-se as vagas com os candidatos internos e deixa-se para preencher as vagas remanescentes ou que foram criadas com as promoções e transferências com pessoal externo. Nesse caso, consegue-se capitalizar as vantagens de ambas as modalidades.

Tendo o recrutamento sido feito com sucesso, ou seja, se tiver atraído candidatos, é preciso, escolher dentre todos os que se interessaram, aqueles ou aquelas que tiverem mais condições de atender às necessidades da empresa e que apresentem o perfil com mais sintonia com a cultura da empresa.

Em resumo, é preciso fazer uma escolha, por isso, a etapa seguinte ao recrutamento é a seleção que é todo um conjunto de técnicas e ferramentas que possibilitam conhecer melhor os candidatos, confirmar informações dadas por eles, aferir o quanto se encaixam nas vagas disponíveis em termos de conhecimentos, habilidade, atitudes, características e qualidades pessoais. Então, o que chamamos de seleção é a classificação dos candidatos recrutados segundo os critérios estabelecidos pela empresa, para então se decidir pelo que ou pelos que combinaram melhor com os requisitos da vaga (melhor *match*).

Um adendo importante é o seguinte: embora a etapa de recrutamento não seja o momento de escolher os melhores candidatos, é importante incluir filtros para otimizar a seleção. Os filtros mais importantes são o que chamamos de pré-requisitos básicos e já devem constar na descrição da vaga (proficiência em língua estrangeira, experiência anterior, formação acadêmica etc.), pois são requisitos fundamentais que não têm meio termo: ou o candidato tem ou não tem. Teoricamente, só vão para a etapa seguinte ao recrutamento os candidatos que atendem aos pré-requisitos, os quais serão então analisados de forma realmente detalhada por meio de testes, avaliações técnicas, comportamentais e culturais na etapa de seleção.

O advento das novas tecnologias como a inteligência artificial e *machine learning* trouxeram consigo ganhos enormes para os processos de recrutamento e seleção que eram muito burocráticos. A automação já permite segmentar currículos por filtros correspondentes aos requisitos mais relevantes para a vaga em questão, varrer a internet em busca de candidatos ou de confirmações das informações prestadas pelos candidatos, os algoritmos identificam após os testes da etapa de seleção os candidatos com maior aderência às vagas e muitas outras facilidades.

Importante destacar que a seleção é um dos processos mais estratégicos, não para o RH, mas para a organização, pois se trata de abrir as portas da empresa para um estranho e ninguém deixa entrar em sua casa uma pessoa desconhecida sem motivos. A mesma coisa ocorre na empresa que está convidando alguém a ingressar na força de trabalho porque confiou que fez a escolha certa. Infelizmente, porém, não existe garantia de que isso ocorra.

Se por acaso ocorreu a contratação de um profissional inadequado a empresa criou um grande problema, pois os resultados serão impactados negativamente e os custos de todo o esforço de recrutamento e seleção de nada serviram, mas não é só isso, outros custos invisíveis surgirão, como, por exemplo, impactos desfavoráveis junto aos colegas que poderão também perder produtividade, motivação etc. Some-se a isso o tempo esforço dos gestores para tentar ajustar essa pessoa ao nível mínimo aceitável de desempenho esperado.

Por outro lado, as organizações que compreendem a real importância do recrutamento e seleção, colhem benefícios e obtém vantagens relevantes em curto, médio e longo prazos: redução de custos, melhoria nos indicadores de RH (rotatividade, absenteísmo etc.), fortalecimento da cultura organizacional, execução consistente da estratégia, incremento no resultado dos indicadores corporativos e perenidade do negócio.

Existem todos os tipos processos seletivos imagináveis, alguns bem simples, para preencher uma vaga operacional praticamente sem requisitos, outras extremamente complexas que exigem mecanismos sofisticados, métodos e técnicas específicas, outras exigem auxílio de consultorias externas ou até a contratação de um *headhunter*. Tal profissional é um recrutador especializado em localizar candidatos para preencher vagas estratégicas, aquelas de alto escalão ou técnicos altamente competentes e experientes com conhecimentos avançados.

Assim, cada processo seletivo tem suas características próprias de acordo com as particularidades de cada vaga e demandas dos interessados, por isso variam a quantidade de etapas, os tipos de técnicas e metodologias usadas para encontrar a pessoa certa para a vaga certa no tempo certo. Por isso, vamos apresentar aqui as principais técnicas de recrutamento e seleção, as mais usadas, às vezes até são um padrão porque estão presentes na maioria dos processos seletivos. Mas nunca é demais avisar que o pessoal do RH é muito criativo e está sempre criando estratégias interessantes para enriquecer o processo e selecionar mais assertivamente.

- Avaliação de currículos: praticamente todo processo seletivo começa pela análise dos currículos dos candidatos, o que geralmente é bem desgastante e repetitivo para os profissionais de RH, por isso, cada vez mais recrutadores aderem à análise automatizada de currículos que propicia economia de tempo, elimina certos vieses (como preconceitos do recrutador) e com a tecnologia atual conseguem fazer uma triagem muito confiável.

- Entrevista: essa é campeã no RH porque se bem realizada, pode extrair importantes informações e percepções sobre o candidato. Podem ser realizadas pessoalmente, virtualmente, por chat, por videoconferência, por telefone, individualmente, em grupo de candidatos, em grupo de entrevistadores etc. Importante dizer que a duração de uma entrevista é bem variável porque depende da complexidade do cargo. Para preencher vagas de cargos muito simples são muito rápidas, às vezes dispensáveis, mas para algumas posições-chave ocorrem quase maratonas de entrevistas com os candidatos.

- Provas de conhecimento: quem nunca fez uma provinha durantes seus longos anos de estudo, não é verdade? As provas são muito usadas nos processos seletivos para avaliar conhecimentos e habilidades técnicas dos candidatos. Podem ser provas escritas, orais, de execução e conter questões específicas da função a ser realizada, problemas, casos etc.

- Dinâmicas de grupo: é a rainha das técnicas de seleção, assume infinitas formas de acordo com seus objetivos. Grosso modo, são reuniões com vários candidatos a quem é passada uma tarefa para que resolvam em grupo enquanto os recrutadores observam e tiram conclusões sobre as competências demonstradas e características apresentadas. A tarefa para o grupo resolver deve ser planejada de modo a permitir observar a presença ou a falta do que se deseja avaliar. A desvantagem é que as dinâmicas estão sujeitas a vieses dos recrutadores.

- Testes psicológicos: são elaborados segundo critérios científicos, por isso, sua aplicação é padronizada e restrita a psicólogos que também são responsáveis pela interpretação. Tais testes são elaborados para identificar particularidades do comportamento dos candidatos.

- Testes comportamentais: muito populares atualmente e extremamente eficientes considerando a relação entre custo e benefícios, pois podem ser aplicados eletronicamente e os resultados são apresentados automaticamente. A maioria desses testes se baseia na metodologia DISC, mundialmente aceita e validada, a qual mapeia as principais tendências comportamentais dos candidatos e permite fazer um recrutamento e seleção com base em competências (*soft skills*).

- Simulação: tem se tornado muito comum devido à possibilidade de usar a tecnologia e gamificação para emular competições ou representar situações da vida real que os candidatos devem resolver e apresentar uma solução, justificando-a. A simulação pode ser realizada individualmente ou em grupo.

Essas etapas e respectivas técnicas não são as únicas possíveis, pois o RH tem autonomia e criatividade para inovar nos PS, o que, na verdade, ocorre com frequência, além do mais, pessoas são complexas então é importante combinar diferentes de técnicas para cada vaga.

Na verdade, o PS funciona como um funil, no qual entram vários candidatos que aos poucos vão vencendo etapas enquanto outros vão sendo excluídos. Como cada processo seletivo tem objetivos e características próprias, não ser aprovado significa apenas que para aquela vaga naquelas condições específicas havia candidato ou candidatos mais adequados ao que a empresa precisava. Por isso afirmo que ao participar de uma seleção, mesmo os candidatos reprovados ganham um aprendizado valioso.

Finalmente não se pode esquecer que o processo de recrutamento e seleção faz parte da jornada dos contratados e diz muito sobre a experiência que os futuros empregados terão na empresa, por isso, toda a atenção é necessária para fazer do PS uma experiência inesquecível, no bom sentido é claro.

REFERÊNCIAS

CAMILO, Juliana; FORTIM, Ivelise; CRUZ, Myrt Thânia de Souza. **Gestão de pessoas:** práticas de recrutamento e seleção por competências. São Paulo: SENAC, 2018.

CHIAVENATO, Idalberto. **Planejamento, recrutamento e seleção de pessoal:** como agregar talentos à empresa. Barueri: Manole, 2014.

CONTRATAÇÃO E INTEGRAÇÃO (ONBOARDING)

O processo de recrutamento e seleção não existia no início dos estudos da Administração e se escolhia os colaboradores de forma empírica, isto é, não havia critérios muito bem definidos. De fato, não havia nenhuma preocupação com a aderência das competências e do perfil comportamental do candidato aos objetivos estratégicos das empresas. Como vimos no capítulo anterior isso mudou muito e foi a partir dos anos de 1970 que as pessoas e suas competências passaram a ser consideradas um recurso fundamental para o sucesso da empresa.

De lá para cá, a tecnologia foi incorporada ao recrutamento e seleção e as técnicas de seleção viraram regra nos processos seletivos – PS que se tornou muito mais assertivo para encontrar os talentos tão escassos no mercado de trabalho. Encerrado o processo com sucesso e identificado o talento ou talentos tão desejados pela empresa é chegada a hora de fazer uma proposta de emprego para os candidatos aprovados.

A proposta de emprego deve explicitar a remuneração, a jornada de trabalho, as condições de trabalho, os benefícios e todas as outras informações importantes, sendo a clareza e transparência essenciais nessa etapa, não apenas por questões éticas, mas também porque muitos candidatos participam de seletivas já estando empregados e eles precisam de informações completas e seguras para decidir pela troca de emprego. Por isso é fundamental formalizar essa proposta por meio de uma carta (que pode ser enviada por e-mail) para que tudo seja registrado.

Uma proposta séria é coerente com as expectativas do candidato e obviamente dentro das possibilidades da empresa, esse é o motivo pelo qual entendo que a questão salarial deve ser ajustada desde o início do processo seletivo, porque do contrário haverá o risco de alguém que for aprovado recusar a vaga, o que não só é chato, mas uma grande perda de tempo para todos e, nessa situação, será preciso consultar outros finalistas da seleção.

Finalmente, dando tudo certo, a empresa ganha um novo colaborador e este conquista um novo emprego o que deverá ser legalizado de acordo como regime de contratação, por meio da assinatura do contrato de trabalho, registro na carteira de trabalho e previdência social, a famosa CTPS, exame médico, abertura de conta bancária etc. Aliás, o ideal é resolver todas as questões burocráticas da admissão, antes do primeiro dia de trabalho, porque assim, o recém-chegado fica totalmente livre para se envolver no conhecimento da empresa, com suas atribuições, com seus novos colegas de trabalho, enfim, para se ambientar na empresa.

A partir daí, a pessoa deixa de ser um candidato a emprego e passa a ser oficialmente parte do time da empresa e tudo que aconteceu até esse momento é parte da jornada do empregado. Se a empresa realiza um bom *employer branding*, com certeza a experiência do recrutamento e seleção terá sido memorável, mas o trabalho do RH não termina na contratação, é preciso manter o novo empregado motivado, engajada e um defensor da empresa, por isso, a chegada dele ou dela à empresa tem que ser acolhedora, motivadora e notável.

O processo de acolhimento do novo colaborador e de sua integração à equipe e à cultura organizacional é o que chamamos de *onboarding*, porque agora, literalmente o empregado sobe a bordo da empresa. Se o recrutamento e seleção termina na contratação, a vida profissional na organização começar com o *onboarding*, ou como dizíamos antigamente, com a integração. Se esse processo não for muito bem estruturado, pode-se jogar no lixo todo o trabalho anterior realizado no recrutamento e seleção em risco.

Isto é um processo essencial, porque é absolutamente normal que os recém-chegados à organização, por mais competentes e experientes que sejam, tenham dúvidas e perguntas sobre a empresa, seu trabalho, sua função, incluindo dúvidas básicas sobre o dia a dia e todas as dúvidas podem ser dirimidas durante a realização do *onboarding*, auxiliando e apoiando os noviços a se integrarem mais rapidamente à sua nova empresa.

Providenciar uma excelente experiência de *onboarding* ao empregado promove uma inserção mais rápida e ágil dele ou dela na empresa e é o primeiro passo para uma jornada de sucesso do colaborador na organização. É durante as atividades de integração que o RH passa ao empregado os caminhos adequados para "se virar" na empresa, afinal para quem chega de fora tudo é diferente e complicado. As informações repassadas com qualidade e presteza facilitam a adaptação dos novatos a se envolverem mais rapidamente com as atividades da empresa. As informações têm de ser o mais completas possível, para não haver dúvidas, principalmente para aqueles noviços mais tímidos que têm vergonha de perguntar em ambientes desconhecidos esse cuidado faz toda a diferença.

O *onboarding* é como se fosse um treinamento prático sobre a cultura da empresa, sendo assim, ele é o responsável por fazer com que os neófitos rapidamente comecem a performar e alcancem a produtividade daqueles colegas que já estão habituados às suas atividades porque se o profissional se apresenta em sua área de atuação com várias informações sobre as suas próprias atividades e das rotinas da equipe conseguirá executá-las e pegar o ritmo do time com mais facilidade.

Nem tudo será esclarecido durante o *onboarding*, por isso o gestor deverá ser instruído pelo RH para ficar atento e atuar como um elemento prolongador da integração, agindo com atenção e empatia redobrada para identificar eventuais dúvidas e saná-las de imediato. Os demais colegas da equipe, principalmente os mais experientes, também precisam ser preparados para aceitarem com simpatia interrupções, às vezes até frequentes, para esclarecer ou orientar quem está chegando.

Uma recepção agradável é um cartão de visita que impacta muito positivamente a percepção do novo colaborador e motiva para começar efetivamente com as suas atividades do dia a dia e o ajuda a entender a sua importância na empresa no time e na empresa. O *onboarding* bem elaborado estimula o novo funcionário a divulgar, já no primeiro dia, reputação da empresa como um ótimo lugar para trabalhar, portanto, colabora com o *employer branding* e transmite uma imagem positiva para as partes interessadas no negócio, incluindo parceiros e clientes, mas também a amigos, parentes e até outros futuros funcionários.

Para transmitir aos novatos todos os benefícios de trabalhar na empresa, suas responsabilidades e entrega, o *onboarding* pode usar e abusar da criatividade do RH para inovar com materiais diferentes a fim de surpreender os novos colaboradores, como apresentações da liderança, desafios (*games*), manuais, guias e vídeos.

Para se criar um processo de *onboarding* completo e eficiente se faz necessário contemplar alguns itens a fim de garantir sucesso na integração e a primeira coisa a pensar é no planejamento de uma estrutura completa com etapas bem delineadas de começo, meio e fim, assim, pode-se iniciar definindo a duração do *onboarding*.

Se a pergunta for quanto tempo dura um processo de integração a resposta será que depende de vários fatores, como, por exemplo, a quantidade de novos colaboradores, a disponibilidade de recursos no RH etc., mas uma coisa é certa: não pode ser algo corrido, feito às pressas só para dizer que a empresa faz *onboarding*, porque se assim for, o efeito será o contrário do que se deseja, isto é, uma péssima primeira impressão, e esta é a que fica.

Um exemplo de *onboarding* bem básico é começar no primeiro momento oferecer uma palestra sobre processos da empresa e sua cultura organizacional e a divisão do trabalho na empresa. Em um segundo momento pode ser outra palestra sobre as funções no time e a apresentação dos colegas de trabalho. No terceiro momento pode-se introduzir uma atividade prática sobre a rotina com acompanhamento de especialistas da área.

Inicialmente, uma boa pedida é uma apresentação, se possível, realizada pelo alto escalão da organização, sobre a história da empresa e de seus fundadores, seus momentos difíceis (toda empresa tem) que foram superados, a explicação da visão, missão e valores, os produtos e serviços, os clientes, os desafios atuais (estratégia, objetivos e metas), prêmios e reconhecimentos recebidos, e planos para o futuro. Essa é a ocasião perfeita para entregar ao recém-chegado um kit especial de boas-vindas com alguns brindes personalizados, como canetas e *pen-drive*, por exemplo, para encantar o noviço e ao mesmo tempo divulgar a marca empregadora.

Obviamente, não seria preciso dizer, mas é bom reforçar, que não se trata de fazer uma só apresentação para todos os noviços, porque de acordo com a função e cargo a ser ocupado, o conteúdo e profundidade dessa primeira apresentação tem que ser ajustados para o público-alvo. Um vídeo institucional mais genérico pode ser comum a todos os públicos sem bem elaborado.

Após esse primeiro momento, uma boa sugestão é a realização de uma visita técnica monitorada por toda a organização, o que, dependendo do tamanho da empresa, pode demorar, mas é uma excelente oportunidade de o noviço antes mesmo de começar a trabalhar entender o funcionamento da organização e o quanto seu trabalho é importante para todas as áreas.

Depois chega a hora de conhecer seu local de trabalho, o e-mail corporativo e os colegas de trabalho que devem eles mesmos realizarem a própria apresentação. Também é importante encontrar seus equipamentos devidamente configurados e tutoriais, guias e manuais atualizados para leitura prévia e consulta em caso de dúvidas.

Uma prática bem legal ainda no *onboarding* é designar um funcionário bem experiente e que tenha facilidade em compartilhar conhecimento para ser o padrinho do noviço, porque dessa forma o aprendizado se torna mais fácil e natural.

Como deve ter ficado claro pelos exemplos, as etapas e a duração do *onboarding* dependem da estrutura e organização da empresa, o importante é garantir uma boa experiência inicial para os novos empregados.

Como atualmente as empresas trabalham com muita tecnologia é bem interessante integrar o *online* com o presencial para propiciar experiência mais dinâmica aos que estão chegando. Quando o RH experimente a tecnologia para melhorar a experiência quase sempre supera as expectativas.

Lembremo-nos que o *onboarding* tem que ser atualizado sempre para evitar passar informações defasadas ou até revogadas, mas não é só, a experiência também precisa ser melhorada e a forma de fazer isso é pedindo *feedbacks* sinceros e implementando as melhorias sugeridas, afinal, por mais capricho que tenha sido usado em sua elaboração, sempre há espaço para aprimorar a experiência. Outra dica interessante é fazer um ponto de controle para garantir que tudo está indo bem e um *check list* para não esquecer de nada.

Nesse sentido, vale alertar que embora seja responsabilidade do RH desenvolver o *onboarding*, não é possível para ele criar uma experiência de qualidade sozinho, isto é, a área de recursos humanos necessita contar com a ajuda e o apoio das outras áreas funcionais, principalmente com a área destinatária dos novos empregados.

Existem muitas consultorias e ferramentas disponíveis no mercado que podem auxiliar bastante a diversificar e inovar no processo de *onboarding*, inclusive plataformas de gamificação da aprendizagem que potencializam e personalizam o aprendizado dos novatos e colhem *feedbacks* importantes, otimizando tempo e recursos e até se integrando com outros aplicativos utilizados pelo RH (folha de pagamento, avaliação de desempenho etc.). Essa metodologia recente proporciona uma experiência mais lúdica e amigável para o novo colaborador e ajuda a quebrar o gelo no período de experiência e de adaptação ao novo trabalho.

Esse dinamismo da gamificação permite que a realização do *onboarding* não seja um momento maçante ou árduo de uma palestra atrás da outra, para o novo colaborador, mas sim uma atividade mais prazerosa e eficiente porque as informações repassadas no *onboarding* serão muito mais facilmente compreendidas e fixadas na memória dos recém-chegados. Tal metodologia lúdica a atenção dos recém-chegados com diferentes formatos usados para transmitir o conteúdo, além das técnicas tradicionais de vídeo e slides.

O apoio tecnológico permite que os novos colaboradores conheçam todos os meandros da empresa, cada detalhe, mas não prescinde das pessoas reais interagindo com elas desde o início da jornada deles na organização porque é muito significativo que os recém-chegados se sintam acolhidos pelo time, daí a relevância da aproximação pessoal, inclusive com o novo gestor que pode dar o primeiro passo sendo simpático com seu novo colaborador.

Os colaboradores que concluem o processo de *onboarding* encantados tendem a iniciar suas jornadas mais produtivos e serem mais leais à empresa, portanto, esse processo vai muito mais além de apresentar a empresa ao colaborador. Na verdade, é um processo extremamente estratégico para a empresa e fundamental na experiência do empregado, porque quando bem realizado, imprime sensação de pertencimento no empregado e lhe dá uma visão sistêmica sobre a empresa, o que impacta diretamente na qualidade do trabalho e na redução do tempo de rampagem. Chamamos de rampagem aquele tempo em que os novos funcionários estão se adaptando ao ambiente de trabalho, isto é, o período que eles tomam para compreender e usar as técnicas e ferramentas da empresa, para alcançar o seu melhor desempenho.

Assim, realizar o *onboarding* desde o primeiro segundo do recém-chegado na empresa mostra o quanto sua presença é importante para a companhia, o que é um importante recado para ele ou ela, de modo que o *onboarding* é uma ferramenta obrigatória para as companhias que querem assegurar uma boa imagem de marca empregadora e investir na jornada do cliente.

O *onboarding* é um processo que muitas empresas ainda não dão a devida importância pelo simples fato de não ser um dos processos tradicionais do RH, na verdade, alguns nem consideram um processo realmente, mas apenas um evento de boas-vindas. Porém, isso está muito longe da realidade, afinal, a primeira impressão é a que fica e isso não pode ser ignorado pela empresa, sob o risco de comprometer todo o esforço de *employer branding* e de *employee experience*.

Portanto, se a organização realmente deseja alcançar os seus objetivos com mais agilidade e consistência, ela não pode descuidar de seus colaboradores em nenhuma etapa de suas jornadas, muito menos na chegada à empresa e, sempre que possível, vale a pena fazer algo diferente para exceder expectativas nesse momento tão significativo para o empregado e relevante para a organização. Afinal, uma empresa que deseja encantar seus clientes não pode perder oportunidades de encantar também os seus colaboradores.

REFERÊNCIAS

BRADT, George B.; VONNEGUT, Mary. **Onboarding:** how to get your new employees up to speed in half the time. Hoboken: John Wiley & Sons Inc., 2009.

BRUM, Analisa de Medeiros. **A experiência do colaborador da atração à retenção:** como o endomarketing pode tornar única cada etapa da jornada do colaborador. São Paulo: Integrare, 2020.

AVALIAÇÃO DE DESEMPENHO

Avaliações de desempenho em boa parte das organizações ainda é um processo destruidor das experiências do colaborador ou simplesmente se trata de um procedimento burocrático de preencher formulários que pouco ou nada acrescentam aos empregados e menos ainda às empresas.

Isto ocorre porque avaliar desempenho, apesar de seu foco no passado, deveria ser uma ferramenta poderosa para melhorar performance no futuro, gerando ganhos reais para os colaboradores e para a organização. De fato, a avaliação de desempenho dos empregados faz parte (uma parte muito importante, diga-se de passagem) da gestão do desempenho da organização.

Porém, o que vemos é que as avaliações de desempenho de transformaram em instrumento de pressão por resultados ou de simples vingança de alguns gestores despreparados contra seus subordinados.

Sei que são palavras duras para começar a tratar de tema tão importante, mas a ideia é justamente dar a real dimensão da relevância desse processo de gestão de pessoas que tem o potencial de ser uma grande experiência para os colaboradores quando corretamente realizada.

De fato, a avaliação de desempenho é um mecanismo-chave para o processo de gestão de pessoas e talentos porque seu objetivo é mensurar os resultados e as competências dos colaboradores em relação à performance esperada pela empresa, de modo que a implementação correta de um processo de avaliação potencializa o desempenho das pessoas e auxilia a organização no incentivo ao crescimento e desenvolvimento profissional de seus talentos.

Destarte, os resultados da avaliação de desempenho são, na verdade, uma fonte valiosíssima de informações para o planejamento de ações que objetivam melhorar os resultados dos indicadores da organização e impulsionar o desenvolvimento humano.

Realmente, a avaliação de desempenho é tão importante para as empresas que precisa ser realizada continuamente, com atualizações constantes da metodologia empregada e *feedbacks* tempestivos. Os antiquados rituais anuais de avaliação de desempenho não têm mais lugar nas empresas modernas, pois geravam uma paralisia organizacional no período em que tudo parava para chefes julgarem o desempenho de seus subordinados e completarem a burocracia relativa do processo.

O ideal é definir uma periodicidade mais curta que faça sentido para o sistema de mensuração dos resultados da empresa que assim foca e se dedica em um determinado momento para avaliar seus resultados e, com isso, promover os *feedbacks* fundamentais para os líderes e suas respectivas equipes.

Avaliar pessoas não é uma tarefa nada fácil para os gestores e ser avaliado não é nada agradável para os empregados, isso porque uma avaliação séria, que contemple não só os resultados obtidos, mas também o potencial humano e o desenvolvimento das competências certas, tanto técnicas quanto comportamentais, exige muita preparação e sensibilidade dos avaliadores e dos avaliados.

Ela mexe com o psicológico das pessoas porque assim como não é nada agradável alguém receber a notícia de que precisa melhorar em algo, também não é nem um pouco tranquilo dizer isso de maneira assertiva e positiva para outrem. Enfim, avaliar desempenho é difícil para todos os envolvidos, daí o RH se preocupar e investir tanto nisso.

O ideal seria que toda avaliação fosse realizada com a mais absoluta clareza e autoconhecimento crítico de ambas as partes, mas infelizmente tais qualidades não se encontram facilmente nas pessoas e, falemos a verdade, são simples de serem praticadas, devido às dificuldades e das situações problemáticas pelas quais cada um passou. Com efeito, tanto o avaliador como o avaliado precisam ser muito bem-preparados para conseguirem obter do processo de avaliação de desempenho todos os benefícios que ela pode oferecer.

Isso porque avaliar desempenho, ao contrário do que muita gente acredita e pratica, não se restringe apenas a apontar erros e acertos, tirar uma média e aplicar uma nota ou conceito.

A bem da verdade, a avaliação de desempenho das pessoas, assim como a gestão do desempenho organizacional, devem focar no diagnóstico de ações, formas, maneiras e medidas para alcançar metas, atingir objetivos e aumentar a produtividade, isso sim seria proveitoso, mas haja maturidade dos envolvidos para se chegar a tal patamar. Esse é o desafio do moderno RH.

Por se tratar de algo tão complexo e importante na gestão de pessoas e que abre inúmeras perspectivas, mas adotar uma definição bem completa de avaliação de desempenho que, de acordo com Chiavenato (2014, p. 210), é a "apreciação sistemática do desempenho de cada pessoa, ou de uma equipe, em função das atividades que desenvolve, das metas e dos resultados a serem alcançados, das competências que oferece e do potencial de desenvolvimento". O Mestre ainda acrescenta que ela é um processo que "que serve para julgar ou estimar o valor, a excelência e as competências de uma pessoa ou equipe e, sobretudo, qual é a sua contribuição para o negócio da organização".

Sendo assim, a avaliação de desempenho é realizada para analisar as particularidades, a postura do colaborador, suas competências, capacidade de trabalho em equipe, seus resultados e entregas, enfim todos os fatores considerados importantes em face das exigências do cargo e da cultura da empresa, de forma que o RH, de posse das informações coletadas nas avaliações, possa conjuntamente com os líderes, tomar decisões para melhorar o desempenho dos colaboradores e da organização.

As avaliações de desempenho ainda propiciam um contato face a face entre o gestor e cada um dos seus subordinados, o que facilita uma discussão franca sobre como potencializar os pontos fortes e maneiras de mitigar os pontos fracos do colaborador em questão. Essa pode ser interpretada como uma oportunidade de a liderança ajudar os membros da equipe a adotarem as melhores atitudes para lidarem com cada situação.

Outrossim, a avaliação de desempenho procura mensurar resultados que, por vezes, podem gerar algum desconforto entre avaliador e avaliado caso as entregas não tenham sido previamente acordadas e *feedbacks* oportunos não tenham sido oferecidos. À vista disso, é imprescindível que a organização tenha objetivos e metas bem delimitados, claros e, principalmente, que as metas sejam factíveis e que tenham sido amplamente comunicadas, pois do contrário, em vez de a avaliação motivar os colaboradores, ela termina causando a sensação de impotência e frustração nos avaliados.

Por outro lado, se as avaliações de desempenho forem realizadas de forma assertiva, elas trazem incontáveis benefícios a gestores, colaboradores e aos clientes porque elas permitem identificar eventuais pequenos problemas e atuar sobre eles antes que se tornem grandes impedimentos. Com os objetivos bem definidos (isso acontece durante o planejamento da empresa) o próximo passo é estabelecer o tipo de avaliação de desempenho a ser utilizada na organização.

A autoavaliação, como o próprio nome indica, ocorre quando o colaborador avalia a si próprio e os seus resultados, considerando pontos positivos e negativos considerando os critérios definidos pelo RH e pela empresa. Se o colaborador possui maturidade e foi devidamente treinado nesse tipo de avaliação, ele ou ela irá reconhecer suas qualidades e os aspectos que precisam ser aprimorados. Uma autoavaliação isenta e realista nem sempre é fácil de se fazer, por isso, ela é realizada em duas etapas. Na primeira, o próprio colaborador reflete sobre seu desempenho e responde à autoavaliação. Na segunda etapa o colaborador discute com seu líder sobre os pontos de melhoria e as ações para eliminar os pontos fracos que estiverem prejudicando o desempenho. Esse tipo de avaliação de desempenho é uma ótima ferramenta para provocar no colaborador uma reflexão sobre suas contribuições e que papel possui na empresa. Não obstante, devemos estar atentos porque a autoavaliação pode causar decepção ao colaborador se o *feedback* do gestor não for coincidente com a visão que a pessoa tem de si mesma gerando conflito de opiniões e dificuldade para fechar um consenso.

A avaliação direta, também chamada de avaliação de desempenho 90° é a mais tradicional e se trata de uma avaliação simples e direta do colaborador por sua liderança direta. Apesar de sua extrema simplicidade, trata-se da melhor forma de avaliar profissionais que ocupam cargos mais operacionais, ou seja, cargos mais abaixo na hierarquia. Trata-se de um tipo de avaliação muito eficiente, afinal, é a gestão que convive diariamente com o profissional que assim possui uma visão mais acurada do desempenho de cada um. Entretanto, igualmente ocorre na autoavaliação, também é necessário tomar cuidado para os *feedbacks* não afetarem o bom relacionamento entre líder e liderados.

A avaliação conjunta denominada comumente de avaliação de desempenho 180° consiste em colaborador se avaliar e avaliar o seu líder que avalia o colaborador. Esse tipo de avaliação é considerado um meio de abrir e fortalecer a comunicação entre líderes e liderados, bem como incentiva uma cultura organizacional de *feedback*.

Na avaliação 360° a pessoa é avaliada por todos aqueles que de alguma maneira estão envolvidos com o trabalho dela empresa, ou seja, além da autoavaliação e da avaliação direta do líder, o colaborador é avaliado por seus colegas, subordinados (se tiver), por seus clientes internos e externos e fornecedores internos na empresa. Esse modelo é muito completo porque contempla a visão de muitas pessoas sobre os comportamentos e as entregas do avaliado, afinal, as pessoas se comportam de maneiras diferentes de acordo com o relacionamento. De nada adianta um vendedor, por exemplo, ter uma avaliação excelente de si mesmo e do seu gestor, se os clientes que atendem o acham péssimo. Evidentemente esse é o tipo de avaliação mais demorado porque envolve toda a equipe e mais pessoas fora do time, por isso, se faz necessário um bom planejamento para não atrapalhar a produtividade da equipe.

Agora que já sabemos os tipos de avaliação de desempenho, vamos conhecer os métodos de avaliar, os quais são questionários previamente elaborados e padronizados que podem ser preenchidos à mão ou eletronicamente, o que agiliza e facilita em muito o processo de compilação dos dados individuais e apresentação dos resultados aos envolvidos.

Muito prático, rápido, eficiente e de fácil entendimento é o método das escalas gráficas, que consiste num formulário que contém nas linhas os critérios ou fatores de avaliação (por exemplo "trabalho em equipe" ou "entrega do resultado X") e nas colunas uma escala ("excelente, muito bom, bom, regular, ruim, muito ruim e insuficiente"). Para uma avaliação 360° esse método ajuda muito a tornar o processo célere e possibilita incluir grande número de avaliadores.

No método da escolha forçada o avaliador precisa escolher em um conjunto de frases (há vários blocos) aquela que mais representa o desempenho do funcionário e a que menos define o desempenho.

A pesquisa de campo constitui-se em entrevistas realizadas pelo pessoal do RH com os gestores dos avaliados e, após, o entrevistador preenche um formulário que expressa o desempenho de cada um dos colaboradores.

O método dos incidentes críticos considera apenas as exceções do que é considerado um desempenho normal, isto é, o que foi muito bom ou muito mal, são os tais incidentes críticos. Assim, cada pessoa tem seu desempenho avaliado com base em suas características ou situações extremas, gerando uma relação de características muito boas e outra de características muito ruins.

O *checklist* de desempenho é uma lista de verificação com todos os fatores que devem ser considerados no desempenho e o avaliador deve marcar (*check*) o grau de desempenho em cada um desses fatores, sem deixar nenhum em branco. Geralmente adota-se uma escala de um a cinco para cada fator, sendo um o grau mais baixo e cinco o desempenho destacado.

Destaque-se que adaptações nesses modelos podem ser realizadas pelo RH para dar mais riqueza e informações sobre o desempenho dos colaboradores, desde que não tornem o processo mais dispendioso ou demorado.

Qualquer que seja o tipo e modelo de avaliação de desempenho o fator crítico de sucesso é que tanto os resultados quanto as competências técnicas e comportamentais sendo analisadas e que sejam sempre definidos indicadores de desempenho esperados para cada membro da equipe, que devem compreender exatamente como são avaliados e porque o são.

Nunca é demais reforçar que estamos tratando de avaliar o desempenho do colaborador e não o ser humano em si, porque ninguém tem esse direito e de nada valeria, pois pessoas são seres únicos, não haveria como padronizá-las, portanto, quando fazemos uma avaliação de desempenho devemos separar a pessoa de seus comportamentos e de seus resultados. Isso é dificílimo e, por isso, o processo nem sempre funciona bem, uma vez que muitos gestores querem mudar a pessoas (um desafio impossível de ser alcançado), quando deveriam se preocupar apenas com mudar comportamentos e resultados para melhor.

Outro ponto importantíssimo é que o objetivo da avaliação de desempenho não é premiar pessoas com bom desempenho e resultados nem punir aquelas que não conseguem atingir as metas. O único objetivo de uma avaliação de desempenho é ajudar o colaborador a melhorar sua performance de forma que eventuais prêmios, bônus e reconhecimentos sejam apenas uma das consequências de se atingir bons resultados e contribuir com o sucesso da empresa.

O processo de avaliação de desempenho não se encerra quando o empregado entende, compreende e aceita sua avaliação formalizando seu compromisso ao assinar a ficha ou formulário eletrônico de desempenho. Com efeito, é nesse momento que começa a fase mais importante de uma avaliação de desempenho, qual seja, a dos desdobramentos e das providências de melhoria, bem como o acompanhamento dessas deliberações.

A avaliação de desempenho é um fator crítico de sucesso para sucesso da organização dada sua importância para alinhar o trabalho em equipe ao perfil e à estratégia organizacional, por isso, dentre as metas dos colaboradores, devem constar metas individuais (as que só dependem dele ou dela), as metas da equipe (que dependem da atuação do time) e as metas corporativas que representam o sucesso da organização (lucro, vendas etc.).

Não há como falar sobre avaliação de desempenho sem trazer à baila o assunto *feedback*, uma vez que sem *feedback* não existe desenvolvimento, mas não se deve confundir a própria avaliação de desempenho que é como se fosse uma prestação de contas ao final de um período com o que chamamos de *feedback* de desempenho.

O *feedback* é qualquer informação sobre o desempenho de uma pessoa e quanto mais tempestiva for essa informação mais útil ela é, por isso, defendemos o *feedback* contínuo, ou seja, oferecer *feedback* faz parte do trabalho do líder e a liderança deve se esforçar para sempre dar *feedbacks* tão logo reconheça a oportunidade, isto é, ocorreu o fato dá-se o *feedback*.

Nesse sentido, o *feedback* não é o produto da avaliação de desempenho, mas o contrário. Uma avaliação de desempenho será tão boa quanto a qualidade e a frequência dos *feedbacks* que o avaliado recebe de seu líder. Aliás, também é papel da liderança estimular uma cultura de abertura para o *feedback* em que todos se sentem seguros para dar *feedbacks* aos colegas e confortáveis em recebê-los dos membros de seu time, clientes e demais partes interessadas.

Por isso, o *feedback* deve ser transparente, sincero e dialogado a fim de que o avaliado o receba como algo útil e de valor que possa contribuir para a melhoria de seu trabalho, desempenho e até de si mesmo como pessoa. Por conseguinte, não existe um *feedback* negativo porque todo *feedback* que nos ajuda a melhorar não pode ser considerado algo negativo, por isso, consideramos que existam apenas dois tipos de *feedback* em termos de avaliação de desempenho e o negativo não se inclui entre eles.

- *Feedback* positivo: é o famoso e desejado elogio, visa estimular a repetição de um comportamento, por isso, bons líderes usam e abusam desse tipo de *feedback*, desde que seja sincero e verdadeiro.

- *Feedback* corretivo: este é confundido com o negativo (que não existe) porque visa corrigir ou consertar um comportamento que não se deseja que seja repetido.

Oferecer *feedbacks* verdadeiros e continuamente é a expressão sincera de um líder que está comprometido em melhorar a sua capacidade de atuação e contribuir com o desenvolvimento das pessoas, contribuindo com a qualidade dos produtos e serviços da organização. Isso significa preocupar-se sinceramente e em primeiro lugar com o ser humano por trás de cada colaborador e em segundo lugar com a organização.

REFERÊNCIAS

BERGAMINI, Cecília Whitaker. **Avaliação de desempenho:** usos, abusos e crendices no trabalho. São Paulo: Atlas, 2019.

CHIAVENATO, Idalberto. **Gestão de pessoas;** o novo papel dos recursos humanos nas organizações. Barueri: Manole, 2014.

MALHEIROS, Bruno Taranto; ROCHA, Ana Raquel Coelho. **Avaliação e gestão de desempenho.** Rio de Janeiro: LTC, 2014.

RECOMPENSAS

Ninguém trabalha de graça, todos nós esperamos ganhar alguma coisa quando nos dispomos a realizar algo, nem que seja "somente" a satisfação ou alegria de ver algo bem-feito. Por isso, este capítulo não se chama salário ou remuneração, mas recompensas, porque estas vão muito além do pagamento dos salários aos empregados e, se o foco é a experiência do colaborador, definitivamente esta tem a ver com bom salário, mas não só.

Indubitavelmente uma das questões mais importantes para o *employer branding*, mas também para uma gestão de pessoas minimamente eficiente é a existência de práticas remunerativas justas e consistentes capazes de sustentar a dinâmica das estratégias e dos negócios da empresa.

Isso significa que tais práticas devem ser estruturadas a partir do equilíbrio interno mediante a avaliação dos cargos e do equilíbrio externo por meio do conhecimento e paridade com o mercado. Por isso, depois da descrição e análise de cargos é preciso definir a importância de cada um dos cargos, com o objetivo de determinar diferentes salários, de tal forma que o pagamento aos ocupantes dos cargos corresponda ao valor do trabalho realizado.

A maneira de o RH buscar o equilíbrio e justiça dos salários é por meio das técnicas de avaliação e de classificação dos cargos, que são metodologias para comparar os cargos existentes na organização entre si segundo critérios definidos para estabelecer uma hierarquia segundo o valor de cada cargo para a empresa. Para avaliar os cargos e depois classificá-los existem algumas técnicas muito tradicionais.

A mais direta e fácil é chamada de escalonamento simples, comparação simples ou *job ranking* e basta escolher um critério de comparação e a partir dele organizar uma lista segundo a ordem do critério escolhido. É bem intuitiva, pois se trata de comparar um cargo com outro e ordená-los. Por exemplo, se o critério for importância é só relacioná-los do menos importante para o mais importante. Pode-se concluir que é um método rápido, mas pouco preciso se a estrutura salarial for muito complexa.

O segundo método é o das categorias predeterminadas que nada mais é do que estabelecer categorias, por exemplo, cargos básicos, cargos técnicos, cargos de nível superior, nesse caso são três categorias. Depois é só escalonar de forma simples os cargos dentro de cada categoria.

O terceiro método é o da comparação por fatores que são comparados um a um e cargo por cargo. Pode-se definir, por exemplo, fatores como requisitos mentais, requisitos físicos, habilidades, condições de trabalho, responsabilidades etc. e comparar a exigência desses fatores em cada cargo. Para utilizar esse método é preciso uma comissão de avaliadores (para pontuar os fatores) e selecionar os cargos-chave que servirão de referência para os demais. Depois os avaliadores dividem o salário desses cargos de referência entre os fatores, de acordo com a relevância de cada fator. Pronto, agora é só escaloná-los, colocar em uma planilha e arrumar os demais cargos em relação aos cargos de referência.

O quarto método é o de avaliação por pontos, no qual os cargos são comparados por fatores de avaliação com valores em pontos. Cada fator de avaliação é dividido em graus de dificuldade ou de importância. Nesse caso, são atribuídos pontos (valores numéricos) para cada fator do cargo de acordo com seu grau e assim, um valor total é obtido para cada cargo pela soma dos valores numéricos obtidos.

É importante dizer que esses métodos são antigos e tradicionais, assim, o principal é o RH estar sempre atento à permanente avaliação de cargos e salários, sem o que é muito difícil fazer gestão de pessoas e menos ainda proporcionar uma boa experiência aos empregados.

Nas comissões ou equipes de avaliação de cargos e salários o RH precisa contar com pessoas qualificadas e conhecedoras do negócio, como, por exemplo, supervisores, gestores e empregados mais antigos e com entregas destacadas. Tal participação deve precedida de treinamento sobre o tema e contar com apoio da liderança mais alta. De toda a forma, o fator decisivo, é a sintonia fina entre o que se paga ao empregado e o que se espera receber dele ou dela.

O desafio é conseguir que uma pessoa receba a contrapartida justa por seu trabalho, dedicação e contribuições para o sucesso da empresa. Isso não é fácil, porque as pessoas são diferentes, logo fazem contribuições muito diferentes, mesmo tendo sido contratadas para ocupar um mesmo cargo ou executar uma mesma função. Daí ser impossível recompensar alguém por seu trabalho apenas com base no salário. Por isso, em gestão de pessoas é mais correto considerarmos um pacote remunerativo ou de forma mais abrangente todas as recompensas recebidas pelo trabalho realizado.

As organizações, de forma geral, dividem o pacote remunerativo em quatro partes bem distintas: remuneração, benefícios, incentivos e salário emocional.

- Remuneração: é o salário que representa o pagamento pelo trabalho realizado em função do contrato de trabalho quer seja mensalmente, por hora, tarefa etc., acrescido de todos os demais pagamentos recebidos em decorrência desse trabalho, incluindo, por exemplo, horas extras, adicional noturno, insalubridade, periculosidade e outras verbas.

- Benefícios: são serviços e conveniências oferecidas pela empresa por força legal ou espontaneamente, para facilitar a vida do empregado e que complementam o salário de alguma forma. Nessa categoria entram os benefícios exigidos pela lei, sendo os principais as férias remuneradas, décimo terceiro salário e o vale transporte e os benefícios que as empresas oferecem voluntariamente como plano de saúde, refeitório, academia, horário flexível, plano odontológico, creche etc.

- Incentivos: são os prêmios e bônus oferecidos pela empresa com o objetivo de estimular as pessoas a atingirem determinadas metas ou resultados, portanto, relacionam-se ao desempenho. Os incentivos não são obrigatórios nem são todos os que recebem, apenas terão direito os que realizam as entregas combinadas, portanto, se trata de uma remuneração variável.

- Salário emocional: são os fatores intangíveis que fazem a pessoa se sentir bem no trabalho ou valorizá-lo. Embora faça parte das recompensas de trabalhar em determinada empresa não são fáceis de definir e têm custo para a organização. Alguns exemplos podem nos ajudar a entender melhor. Oferecer um plano de carreira bem estruturado é um enorme benefício, porém, se esse plano de carreira além de permitir ascensão profissional e salarial ainda promove um aprendizado e conquistas que fazem todo o sentido para mim, estamos diante de um salário emocional. Ainda, se eu trabalho em uma empresa que meu um grupo de verdadeiros amigos que eu nunca teria a oportunidade de ter se não fosse trabalhar nessa empresa e mais, trabalhamos como se fôssemos um time que se diverte jogando juntos, esse é um salário emocional. Ou seja, são aquelas coisas boas que mexem positivamente com nosso emocional nos fazendo sentir bem naquele trabalho.

Todos esses quatro componentes das recompensas organizacionais merecem a devida atenção, pois em seu conjunto têm o potencial de manter os talentos produtivos, motivados, comprometidos e engajados. Em resumo a remuneração paga o trabalho, o incentivo premia o bom desempenho, os benefícios tiram as preocupações dos empregados que mantém o foco no trabalho e o salário emocional cativa o funcionário.

Ainda com relação ao salário emocional é preciso dizer que a liderança exerce um papel imprescindível no processo de direcionamento das emoções dos seus colaboradores e de criação do espírito de equipe. Esse tipo de recompensa emocional é composto de retribuições não financeiras que são os verdadeiros fatores motivacionais, porque, como se diz, tocam o coração das pessoas e dão a sensação de que vale a pena o trabalho que realizam dentro da organização.

São enormes as vantagens e retornos obtidos com a prática consistente e sistemática de fazer uso de planos de recompensas baseadas nos quatro pilares apresentados, no que se constitui em uma forma de remuneração estratégica que provê excelentes experiências para os colaboradores em curto, médio e longo prazos, portanto, também garante bons resultados para a organização nos três horizontes de prazo. Parece complicado, mas o que quero dizer é que recompensar as pessoas deve ser um processo planejado para apoiar a organização a alcançar seus objetivos, isto é, o plano de recompensas corporativo deve estar alinhado à estratégia, estimular e reconhecer os empregados que mais contribuem com o atingimento dos objetivos e metas corporativas.

Isto se chama remuneração estratégica que se constitui em uma forma de reconhecer diferenciadamente os colaboradores pelos bons resultados que oferecem para a empresa e, embora em curto prazo, possa parecer um custo a mais, se considerarmos o médio e o longo prazo, o retorno de uma boa execução do trabalho agrega muito mais valor para a organização. Podemos dizer que a maior característica da remuneração variável é que se trata de uma ferramenta na qual o salário fixo do empregado é complementado por uma parcela tão significativa quanto for seu esforço e resultados entregues para tornar a empresa um sucesso.

Como as contribuições variam, a remuneração estratégica é variável, isto é, a parcela das recompensas referente aos incentivos é mais representativa. Muita gente resume a remuneração a um programa de bônus, porém, ela vai além dos bônus, que fazem parte da parcela remuneratória que chamamos de incentivos. Há muitas formas de ser realizada, porém, ela sempre se refere a uma remuneração condicionada aos resultados do empregado, da equipe ou de toda a empresa num período determinado. Em síntese, a remuneração variável valoriza os colaboradores pela entrega dos resultados que entregam.

Também se configura em uma excelente maneira de reforçar os valores e a cultura organizacional, fortalecer competências como trabalho em equipe e comportamento de dono pelos empregados. Em termos financeiros, como benefício imediato, há a transformação dos custos fixos em variáveis e a elevação da receita devido ao incentivo à alta performance.

Evidentemente não se trata de uma panaceia, mas de um planejamento adequado ao contexto e ao negócio da organização que deve contemplar as melhores práticas que levem ao aumento de remuneração dos profissionais e que respeita a legislação vigente.

Importante que o modelo adotado pela empresa não aceite a subjetividade, mas que adote parâmetros objetivos e mensuráveis, assim como haja a mais ampla transparência no acompanhamento dos resultados que devem ser compartilhados com uma comunicação ágil e eficaz.

Com relação ao horizonte de tempo, temos os incentivos de curto prazo e os de longo prazo, sendo os de curto prazo aqueles cujo pagamentos acontecem no horizonte de até um ano, e o mais conhecido é o programa de Participação nos Lucros e Resultados (PLR). No Brasil a PLR é regulamentada pela Lei nº 10.101/2000, complementada pela Lei nº 14.020/2020 e embora esteja prevista em lei, a PLR não é uma obrigação da empresa. Na verdade, ela precisa ser negociada e incluída no Acordo Coletivo de Trabalho ou na ou Convenção Coletiva de Trabalho da categoria de trabalho dos colaboradores para ser obrigatória. Uma vez implantada, a PLR deve contemplar todos os empregados da empresa, sem exceção e o valor, assim como o cálculo da PLR é estabelecido e homologado em convenção coletiva, podendo ser um percentual sobre o resultado do negócio ou um valor fixo.

Aliás, a PLR é um mecanismo muito adequado para premiar toda a força de trabalho e pode ser dividida por percentuais relativos a cestas diferentes de indicadores individuais, de grupo e de equipe. Por exemplo, a empresa pode definir uma composição do valor da PLR com peso de 60% para os resultados individuais, 30% para os da equipe e 10% para os corporativos. E isso também pode variar de acordo com o nível hierárquico da pessoa.

Os incentivos de longo prazo são aqueles cujos pagamentos ocorrem em prazo maior que um ano e estes são mais voltados para os executivos e alta liderança da empresa, sendo o mais comum a *stock options*, ou seja, o direito de o empregado adquirir, no futuro, ações da própria empresa em que ele ou ela trabalha por um preço combinado no presente. Assim, quanto mais valorizar as ações da empresa, maior será o valor ganho pelo empregado (diferença entre o valor ajustado e o valor real).

No dia a dia da empresa são infinitas as possibilidades de oferecer incentivos aos empregados, tais como bônus por atingir metas de vendas, de lucratividade, de satisfação dos clientes de redução de desperdícios. As premiações e reconhecimentos variam muito também podendo ser viagens, cupons de desconto em lojas e supermercados, ingressos para shows e eventos, tudo enfim que possa melhorar a experiência do colaborador a fim de que ele ou ela valorize seu trabalho e se engaje na empresa.

Esses programas de curto prazo, cuja vigência menor que o ano podem ter períodos ainda mais curtos, como seis meses, três meses e até mensais, dependendo do que for acordado com os empregados. A grande vantagem desses incentivos de curtíssimo prazo é que são flexíveis, negociados diretamente com as equipes, e não dependem de homologação do sindicato como no caso da PLR. Outra vantagem é que o RH pode definir seus próprios critérios de participação, porque uma vez que não há exigência de que todos os colaboradores da empresa participem, podendo ser setoriais ou individuais.

Quando uma empresa adota um programa de remuneração estratégica, não é somente a experiência do colaborador que melhora, mas a organização também ganha com isso em face do natural aumento na motivação das pessoas em direção às metas estabelecidas. Por outro lado, se for aplicado irresponsavelmente há o perigo real de criar uma cultura de vencer não importa como, tornando as pessoas concorrentes e não membros de uma equipe que trabalha juntos.

Por isso reforçamos que cada organização tem suas especificidades que devem ser respeitadas em um programa como esse. Em qualquer caso, no entanto, o que deve estar claro é que a implantação desse modelo só tem sentido na medida em serve para valorizar as pessoas e recompensá-las com justiça e equidade, o que dá trabalho, logo não se trata de estabelecer uma meta isolada e definir um prêmio, porque se não tratada com a diligência que merece, o programa pode transformar todos os colaboradores em um bando de caçadores de recompensas, com as piores consequências possíveis para a organização e seus clientes, ao invés de fazê-los trabalhar como membros de uma equipe de alto desempenho.

Além dos incentivos aos resultados entregues, é bastante interessante usar os incentivos para estimular o desenvolvimento profissional dos colaboradores, porque a competitividade empresarial é muito dependente a atualização dos conhecimentos, habilidades e comportamentos de seus empregados. Isto exige um acompanhamento das competências e atitudes dos colaboradores pelos seus respectivos gestores diretos e pelo RH a fim de fomentar também o desenvolvimento e alinhamento de competências requeridas pelo negócio.

Quando o sistema de remuneração premia certos conhecimentos, habilidades, atitudes, comportamentos e valores, ou seja, foca a pessoa e não somente seu cargo com suas consequentes obrigações e responsabilidades, dizemos que se trata de um sistema de remuneração por competências. Nesse caso há uma preocupação com o nível de capacitação do empregado, a fim de mantê-los preparados para enfrentar os desafios de um mundo que muda cada vez mais rápido.

Estruturar e manter um bom sistema de remuneração é um enorme desafio à capacidade administrativa do RH e dos demais gestores de empresas, pois implica em mudar do paradigma que compreende as recompensas oferecidas às pessoas como mais um custo, ao invés de considerar esse encargo trabalhista como um investimento que possui alto potencial de retorno.

Um ponto de atenção é o respeito à legislação trabalhista, mas isto não deve ser empecilho para a valorização dos melhores profissionais, motivando-os a alcançar resultados sempre maiores e melhores a cada dia seja individualmente seja por meio do trabalho em equipes para obtenção de resultados mais auspiciosos.

A remuneração estratégica porquanto vinculada objetivamente aos resultados e objetivos da companhia é uma das melhores formas de alinhar os esforços dos colaboradores e de motivá-los a aumentar a produtividade, ao mesmo tempo em que ficam mais satisfeitos ao sentirem concretamente que seu empenho e dedicação estão sendo recompensados e seus méritos, bem reconhecidos.

REFERÊNCIAS

CHIAVENATO, Idalberto. **Remuneração, benefícios e relações de trabalho:** como reter talentos na organização. Barueri: Manole, 2015.

SIMÃO, Marina: **Salário emocional:** o segredo da produtividade nas empresas. São Paulo: Leader, 2017.

WOOD Jr., Thomaz; PICARELLI FILHO, Vicente. **Remuneração estratégica**: a nova vantagem competitiva. São Paulo: Atlas, 2004.

RELAÇÕES COM AS PESSOAS

Relacionamento tem a ver com a capacidade de criar e manter vínculos, de conviver bem com os colegas de equipe, também tem a ver com ligação e conexão, dessa forma, relacionamento é o primeiro passo para se existir em um mesmo espaço. Portanto, em um ambiente empresarial, é imprescindível não só os empregados saberem se relacionar uns com os outros, mas também e principalmente que exista um excelente relacionamento entre a organização e seus colaboradores.

A prática dessa conexão, ligação ou vinculação, tem que ser muito forte entre os empregados e destes em relação à empresa (e vice-versa) porque o bom relacionamento é fator decisivo para que as organizações atinjam seus objetivos. E, para que esse bom relacionamento ocorra faz-se necessário que as pessoas conheçam seus colegas, as áreas da empresa e seus respectivos papéis (daí a importância de um *onboarding* bem-feito) a fim de que todos atuem de forma integrada, emanados de um espírito de colaboração e cooperação. Por isso, é possível afirmar que a empresa só cumprirá sua visão, missão e valores se o exercício efetivo do bom relacionamento é uma realidade em sua atuação diária.

Quanto mais uma empresa cresce e se desenvolve, mais ela precisa intensificar o relacionamento entre as suas unidades, seus colaboradores, clientes, fornecedores, enfim com todas as suas partes interessadas. Nesse sentido, as empresas parecem estar conscientes dessa necessidade, porém, quase sempre não dedicam a mesma energia, disposição e recursos para se relacionarem melhor com seus próprios empregados.

Os resultados positivos e a posição de destaque de uma organização indicam haver um bom relacionamento entre as áreas e as pessoas, porém, a experiência mostra que sempre há como melhorar o relacionamento e, por conseguinte a performance empresarial. Por isso, é necessário estreitar os relacionamentos por meio da transparência e de uma comunicação assertiva até que se torne tão natural nutrir os relacionamentos quanto o ato de respirar.

Por incrível que pareça, ainda há empresas que só se comunicam com seus empregados por meio dos sindicatos que os representam e, mesmo assim, somente em épocas de negociação salarial ou quando estoura uma greve. Relacionamentos saudáveis implicam em integralidade que significa reunião de todas as partes que formam a completude organizacional.

Quando a empresa deixa de lado o relacionamento e passa a atuar de maneira desintegrada, dá lugar à fragmentação, com ações isoladas e perda de sinergia. Atuar de forma integrada é fator crítico de sucesso de qualquer organização, pois só assim é possível alcançar com consistência as metas definidas pela empresa em seu Planejamento Estratégico.

O bom relacionamento intraequipe e interequipes permite a realização integrada das tarefas com qualidade e menos perdas, por conseguinte, o alcance dos resultados da empresa ocorre com a satisfação das pessoas por concretizar seus objetivos pessoais e profissionais.

Nesse contexto e considerando o *employee experience*, cabe ao RH dar o exemplo de bom relacionamento ao se mostrar sempre solícito, ou seja, manifestar: atenção, boa vontade, dedicação, desejo de atender da melhor maneira possível as solicitações, empenho, interesse e zelo sincero em prestar qualquer espécie de assistência às pessoas.

O RH que pratica a solicitude sabe que a solução para o problema do colaborador é a solução do problema do RH, pois ambos são partes de uma mesma organização e devem, por isso, manterem um relacionamento positivo que impulsione resultados excelentes.

Quando for realmente necessário o RH dizer não, essa negativa precisa ser respeitosa, bem fundamentada e baseada em fatos e dados, expondo com clareza e transparência os motivos do impedimento e, o mais importante, sempre propondo alternativas viáveis para não quebrar os elos do relacionamento.

Relações fortes geram colaboração e cooperação que são coisas diferentes, mas necessárias para sustentar relações de trabalho saudáveis. Na cooperação prevalece a ideia de uma atuação voltada à conquista de um mesmo objetivo, enquanto na colaboração existe a noção de um de trabalho realizado em comum. Ambos os conceitos trazem nítido o compromisso de ajudar, de auxiliar, ou seja, um relacionamento só tem sentido quando todos envolvidos cooperam e colaboram para atingir resultados mais rapidamente e consistentemente, o que torna a empresa mais competitiva e o clima organizacional muito mais positivo.

De fato, as relações humanas impactam em diversos aspectos e ambientes e não há como pensar em uma gestão humanizada, senão por meio de uma liderança também voltada à cooperação e colaboração na relação organização, líderes, clientes, fornecedores e colaboradores. Não custa lembrar que as pessoas continuam sendo os principais parceiros de qualquer organização, porque são os colaboradores, em todos os níveis, que ficam por trás de todas as operações e da conquista de resultados.

Costuma-se dizer que a qualidade de um relacionamento é diretamente proporcional à qualidade da comunicação entre as partes e este é o papel da comunicação interna, ou seja, ela é a ferramenta que partilha com os colaboradores a estratégia a ser seguida, as normas e condutas aceitáveis, os objetivos empresariais a serem alcançados, os valores da cultura organizacional, o estilo de liderança que deve ser exercido e como o trabalho deve ser feito.

Mas não é só, a comunicação interna é um dos canais de relacionamento mais importantes entre a empresa, o RH e os colaboradores, afinal, ela é capaz de vender a empresa e os serviços prestados pela área de gestão de pessoas aos empregados. Trata-se de um instrumento capaz de alavancar os resultados e um recurso fundamental para disseminar as informações de interesse dos diversos públicos internos da organização.

A bem da verdade, o RH que pretende propiciar uma boa experiência aos empregados não pode prescindir de usar ainda as estratégias de marketing que fazem tanto efeito junto aos clientes externos, também com os empregados, no que consiste no chamado endomarketing, ou seja, um marketing voltado aos empregados. Se usado de maneira estratégica e coerente, o endomarketing obtém excelentes resultados em termos de informações, integração e consequente engajamento dos colaboradores.

A comunicação interna utilizada com uma abordagem coerente de endomarketing é capaz de construir diferentes formas de comunicação do EVP (*Employee Value Proposition*), contribuindo também para o desenvolvimento da marca empregadora.

Com uma força de trabalho composta por talentos cada vez mais diversos em termos de identidade de gênero, etnia, orientação sexual, gerações (veteranos, *baby boomers*, x, y, z), culturas, cor de pele, credo, pessoas com deficiências, neurodiversidade etc. o RH precisa capacitar as pessoas e fomentar a inclusão consciente, isto é, desenvolver o comportamento dos colaboradores a fim de que todos os relacionamentos aconteçam com o mesmo grau de cooperação e colaboração.

Diferenças trazem desafios na convivência e nos relacionamentos, mas podem estimular a criatividade, novos pontos de vista e inovações que ajudam muito as organizações que souberem explorar o melhor de cada pessoa a encontrarem diferenciais competitivos difíceis de serem copiados.

A inclusão consciente patrocinada por um RH humanizado envolve uma mudança comportamental dos colaboradores e principalmente da liderança. Por exemplo, no caso das pessoas com deficiência – PcD já existem cotas percentuais regulamentadas por lei, porém, o que se vê na prática é que os gestores são resistentes e, muitas vezes, até apresentam restrições ao RH quanto à contratação de PcD. Esse é o caso típico em que o RH precisa primeiro capacitar a gestão para mudar esse comportamento restritivo, porquanto muitas vezes os próprios gestores não sabem explicar por que têm essa postura.

Verdade seja dita, tal dificuldade em se relacionar com pessoas diversas decorre principalmente de nunca terem tido contato direto com elas, muito menos terem tido um colega de trabalho dessa condição e, por isso, simplesmente desconhecem o potencial existente em cada ser humano. Na situação específica das PcD é fato que a deficiência pode impor algumas dificuldades, mas de jeito nenhum impede a pessoa a realizar tarefas, de acordo com suas qualidades, talentos e competências, apresentar resultados e atingir as metas propostas.

Não é à toa que a diversidade está em alta e entrou definitivamente no dia a dia do RH e isso não ocorre apenas porque virou o assunto da mídia, mas principalmente porque os diferentes perfis e experiências das pessoas viabilizam a construção de ambientes mais criativos e inovadores, o que se traduz em benefícios para todas as partes envolvidas, inclusive e principalmente para as empresas.

Não obstante, é fato que as pessoas têm uma dificuldade até natural de lidar com as coisas que não vivenciam ou pior, possuem uma concepção equivocada a respeito delas. Certas vezes, mesmo sem intenção maldosa, uma palavra ou ato falho podem ferir a dignidade de alguém e comprometer um relacionamento que nem teve a chance de começar.

Por isso, hoje, é atribuição indelegável do RH nas organizações promover ações de educação a fim de capacitar toda a força de trabalho a acolher e respeitar as diferenças, sejam elas quais forem. De forma bem simples, trabalhar com a diversidade na empresa é garantir que os talentos não sejam discriminados ou tenham menos por causa de suas diferenças, até porque, o próprio talento que as empresas tanto procuram são diversos. Portanto, o RH precisa cada vez mais se atentar para as vivências e necessidades específicas das pessoas a fim de se criar na organização um ambiente que respeite a dignidade e permita o desenvolvimento de todas as pessoas.

A diversidade, abrange públicos que historicamente ficaram segregados socialmente, por isso, há que se reconhecer que ainda são bastante excluídos do mercado profissional e raramente conseguem ocupar posições estratégicas nas organizações por pura falta de oportunidades devidas ao preconceito. Assim, para criar culturas organizacionais de respeito à diversidade, faz-se mister investir em processos internos que realmente valorizem as diferenças e fomentem a criação e manutenção de ambientes acolhedores que significa desde espaços físicos adequados às necessidades de cada um, bem como incentivar a contratação e propiciar o progresso profissional desses colaboradores sem qualquer constrangimento.

O discurso da diversidade é quase uma unanimidade, parece que todas as organizações concordam sobre a importância de criar ambientes diversificados e inclusivos, porém, não é nada fácil conseguir isso porque para haver realmente diversidade e inclusão é preciso garantir que todos possam demonstrar sua individualidade sem medo nem receio de serem discriminados, só assim esses talentos se sentirão parte de verdade do time e terão coragem de criar e inovar.

Com efeito, o RH deve ajudar as pessoas a se sentirem aceitas, empoderadas e valorizadas por meio de práticas e políticas inclusivas de recursos humanos porque não existe inclusão se as pessoas se sentem excluídas dos relacionamentos. Muitas empresas falam que estão construindo ambientes de trabalho mais diversificados e inclusivos, porém, a realidade é que poucas estão fazendo um progresso efetivo em assegurar que os colaboradores se sintam parte de um grupo e se destaquem por usar seus talentos e competências.

Não obstante, a existência de leis que garantem a contratação de públicos diversos há décadas, como, por exemplo, pessoas com deficiência (Lei nº 8.213, de 24 de julho de 1991) e menores aprendizes (Lei nº 10.097, de 19 de dezembro de 2000), a prática da diversidade não pode se limitar ao preenchimento de vagas apenas para cumprimento da legislação a fim de evitar multas.

Se por um lado a implantação de políticas, procedimentos, normas e ações voltadas à diversidade e inclusão valoriza a marca empregadora, por outro lado, ajuda a dar oportunidades a novos talentos, além de trazer vários outros benefícios para as empresas, como, por exemplo, a criação de equipes mais propensas a inovar.

Ademais equipes diversas ajudam a empresa a se relacionar melhor com clientes e públicos com os mais variados perfis, porque os times terão mais sensibilidade para se comunicarem com as diferenças das outras pessoas. Por mais que um empregado seja treinado e preparado para lidar com certos públicos ele ou ela poderá cometer algum equívoco que pode até se transformar em caso de polícia, o que trará enormes prejuízos à marca empregadora da empresa bem como à sua marca comercial também.

É interessante incluir o compromisso com a inclusão na comunicação interna da empresa, ou seja, incorporar atitudes e valores nos materiais de apresentações e palestras, bem como nas peças escritas, tais como boletins informativos e mesmo nos discursos e falas da liderança, tendo apenas o cuidado de evitar que exemplos e imagens usadas não sejam estereotipados. Promover fóruns de discussão e eventos para debater o tema, também são importantes.

Com a pandemia de Covid-19 que impactou não só a nossa vida social, mas também o mundo do emprego, surgiram novos modelos de trabalho e os relacionamentos precisaram se adaptar. A gestão de equipes, por exemplo, teve que se adaptar rapidamente, pois embora o *home office* e o teletrabalho já existissem, não eram modelos muito populares entre as empresas e chefias mais tradicionais. Inobstante, com a flexibilização compulsória para o trabalho surgiram novas relações de trabalho a exemplo do modelo híbrido e de outras possibilidades.

Nesse contexto, a criação de novos canais de comunicação foi inevitável para se continuar trabalhando e suprir a necessidade de conexão com os colaboradores, mas também foi preciso se preparar para estabelecer e manter novas relações.

O RH acostumado com as tradicionais relações de trabalho (autônomo, avulso, doméstico, estagiário, eventual, temporário e voluntário) viu surgirem repentinamente novas relações de trabalho, como uberização e *home office*. Sendo novidade, esses formatos exigem dos profissionais mais confiança na competência de autogestão além de adaptação à flexibilidade de horários e supervisão. Do RH é exigido verdadeiro malabarismo para executar seus processos com a mesma excelência de serviços prestados aos empregados (vínculo empregatício) e aos colaboradores em geral (vínculos de trabalho).

No caso do *home office*, estamos tratando de uma relação de emprego, uma vez que a legislação prevê vínculo empregatício com direitos estabelecidos na consolidação das leis do trabalho – CLT e os seguintes requisitos: pessoalidade (o próprio empregado deve realizar suas atividades), subordinação (o empregado recebe ordens de seu superior hierárquico), serviço não eventual (a prestação do serviço é periódica) e pagamento de salário.

Na uberização, modalidade extremamente flexível e por demanda, não existe vínculo empregatício e o colaborador é o dono dos bens usados para prestar serviço, possui autonomia para decidir quando e se vai trabalhar ou não. Importante registrar que esse tipo de trabalho só passou a existir devido ao uso intenso de plataformas tecnológicas e de inteligência artificial, embora não seja restrito apenas a quem trabalha com aplicativos.

Imaginemos como trabalha o que seria o RH da empresa Uber (que criou esse tipo de relação de trabalho), porque de qualquer forma, é preciso, além dos funcionários próprios, recrutar e selecionar motoristas, remunerar os motoristas adequadamente, avaliar o desempenho (as estrelinhas foram uma grande sacada), oferecer bônus por metas batidas (quantidade de viagens, índice de cancelamento etc.), reter os talentos motoristas e assim vai.

De fato, se existe a necessidade de *employer branding* para atrair bons empregados, também há para atrair bons uberizados e, se é preciso oferecer uma excelente experiência para os funcionários a fim de retê-los, também é vantajoso propiciar uma encantadora experiência para os motoristas uberizados com o objetivo de mantê-los. Afinal, quando se trata de pessoas, o que conta é o relacionamento, pelo menos até que a Uber consiga substituir todos seus motoristas por veículos autônomos.

REFERÊNCIAS

BRUM, Analisa de Medeiros. **Endomarketing estratégico**: como transformar líderes em comunicadores e empregados em seguidores. São Paulo: Integrare, 2017.

JOHNSON, Stefanie K. **Inclusifique**: como a inclusão e a diversidade podem trazer mais inovação à sua empresa. São Paulo: Benvirá, 2020.

MARICONI, Daniel Camilo Nehemy. **Comunicação interna:** uma ferramenta estratégica. Rio de Janeiro: Telha, 2020.

REIS, Adriana (coord.). **Relações humanas:** desafios e perspectivas. São Paulo: Literare Books, 2021.

HIGIENE, SAÚDE E SEGURANÇA DAS PESSOAS

Nesse verdadeiro furacão de mudanças que estão acontecendo no mundo dos negócios, causado, dentre outros motivos, pelo acesso cada vez mais barato a novas tecnologias, novas rotinas e modalidades de trabalho, novas formas de se comunicar, os profissionais por mais que reúnam uma série de qualidades e competências, ele ou ela sempre terão algo a desenvolver ou aprimorar. Em meio a todas essas mudanças, é muito difícil conseguir administrar de forma eficiente seu tempo, saúde e todas as prioridades que temos, de modo que a grande maioria de nós vive em constante estado de tensão e sobrecarga.

A verdade é que o tempo que passamos trabalhando aumentou e vem aumentando porque a tecnologia propicia trabalharmos a qualquer hora de qualquer lugar e isso só aumenta a pressão para que sejamos altamente produtivos. Mesmo trabalhadores mais operacionais e de chão de fábrica que têm jornadas de trabalho fixas sofrem esse tipo de coerção, pois as ações nas empresas com foco no aumento da produtividade são extremamente presentes na contemporaneidade.

Se antes era suficiente para as empresas fornecerem equipamentos de proteção individual – EPI e cumprirem as normas regulamentadoras – NR do Ministério do Trabalho que preveem, dentre outras coisas, a existência das Comissões Internas de Prevenção de Acidentes – CIPA, os Serviços Especializados em Engenharia de Segurança e em Medicina do Trabalho – SESMT, o Programa de Controle Médico de Saúde Ocupacional – PCMSO e o Programa de Prevenção de Riscos Ambientais

– PPRA, hodiernamente as organizações se preocupam não só a integridade física dos colaboradores, mas com a saúde e o bem-estar deles.

De fato, a saúde das pessoas passou a ser pauta de discussão nas reuniões de planejamento e de acompanhamento das estratégias, simplesmente porque empregado doente não é produtivo. Numa visão de *employer branding* e de experiência do empregado, a saúde não é mais compreendida apenas como a ausência de doenças, agora saúde tem a ver com o bem-estar geral no trabalho, relacionando-se inclusive com a satisfação de necessidades e atendimento das expectativas do colaborador referente ao seu papel na empresa. Portanto, a higiene, saúde e segurança é melhor traduzida holisticamente por bem-estar físico, mental e social do colaborador e nas infinitas possibilidades de a empresa oferecer oportunidades e experiências positivas à sua força de trabalho.

Tal postura se justifica porque uma grande parte da vida das pessoas envolve o seu trabalho e, mais do que isso, ele é o principal fator que contribui para a sobrevivência do indivíduo, ajudando-o conquistar os seus objetivos e alcançar a realização pessoal.

Tradicionalmente os processos do RH referentes à higiene (condições ambientais do trabalho), saúde (assistência médica no trabalho) e segurança (prevenção de acidentes) envolviam somente os fatores que faziam parte do dia a dia dos empregados e eram acompanhados por indicadores clássicos como número de acidentes (a famosa frase "Estamos há x dias sem acidentes"), gravidade de acidentes, frequência de acidentes, quantidade de dias de afastamento por doença (atestados médicos), isto é, absenteísmo causado por doença, sendo esses basicamente os indicadores desse processo. Depois acrescentaram-se indicadores relativos à Qualidade de Vida no Trabalho

– QVT, dentre os quais reconhecimento, valorização, recompensas e outros.

Hoje se sabe que empregados saudáveis e felizes são muito mais produtivos em longo prazo, são menos propícios a conflitos, atendem melhor os clientes, faltam menos ao trabalho e desenvolvem melhores produtos e soluções para a empresa. Assim, é questão de inteligência cuidar da higiene, saúde, segurança, bem-estar e até da felicidade no trabalho, como já defendem alguns. Com efeito, se o trabalho unicamente não garante a plena felicidade de ninguém, a verdade é o trabalho pode fazer uma pessoa infeliz e adoecê-la, o que a torna um problema para a organização e para os colegas de trabalho.

Desse modo, investir tão-somente em processos e ações para aumentar a produtividade pode gerar excelentes resultados em curto prazo, considerando ser este um fator crítico de sucesso para a sobrevivência das organizações, mas isso não é o bastante, é preciso também motivar e manter as pessoas saudáveis para que o aumento na produtividade seja sustentável em longo prazo.

Isso porque para colaborar e cooperar a pessoa precisar estar bem tanto psicologicamente quanto fisicamente, porquanto um empregado engajado é aquele ou aquela que se compromete emocional e funcionalmente para com a organização. Por conseguinte, relacionam-se com a produtividade, o senso de pertencimento, o envolvimento, as atitudes positivas diante do trabalho que são fatores que não podem ser desprezados quando se deseja obter maiores índices de satisfação do cliente e maior receita.

Não é à toa que cada vez mais empresas estão adotando um raciocínio holístico ao analisar seus resultados e levando em conta fatores como bem-estar das pessoas, engajamento e responsabilidade social da organização que incluem os próprios programas de melhoria da qualidade de vida no trabalho de seus empregados.

A verdade é que as empresas estão procurando meios de garantir o bem-estar e a qualidade de vida das pessoas não somente porque a lei as obriga (o mínimo pelo menos), mas também e principalmente porque sem saúde não há trabalho de qualidade e muito menos engajamento e, por conseguinte, nem produtividade. Em tempos de alta competitividade, não se pode mais ignorar o bem-estar dos colaboradores, pois saúde significa um melhor aproveitamento das capacidades e competências dos funcionários, com impactos diretos nos resultados da empresa.

Os benefícios de cuidar das pessoas para as empresas são inúmeros e comprovados: melhor clima organizacional, clientes mais bem tratados e satisfeitos, maior retorno financeiro, menor absenteísmo, índices mais baixos de rotatividade e maior produtividade. Essas são vantagens facilmente observáveis que comprovam ser um bom investimento manter as pessoas saudáveis.

Até há alguns poucos anos atrás, falar em saúde se resumia a adotar ações para evitar acidentes e realizar exames médicos periódicos por obrigação legal, na periodicidade preconizada nos normativos do Ministério do Trabalho. Porém, o contexto desses últimos anos, no qual a pandemia de Covid-19 contribuiu muito, terminou colaborando para a evolução de muitos distúrbios e mazelas emocionais e psicológicas não só relacionadas aos trabalhadores, mas à população em geral e não foi somente no Brasil, mas no mundo todo.

Ademais, tem há uma prevalência de doenças mentais, como a ansiedade e a depressão, em certos grupos no trabalho e a situação só não é pior porque as pessoas estão se conscientizando e começando a procurar ajuda profissional com mais antecedência e frequência. As campanhas dos meses coloridos para chamar atenção das pessoas quanto à prevenção de doenças tem dado bons resultados e no quadro a seguir é possível observar que a saúde mental está na pauta.

Quadro: As Cores das Campanhas de Saúde

Mês	Cor	Explicação das Cores (respectivamente)
JAN	Branco e Roxo	Saúde mental e Hanseníase
FEV	Roxo e Laranja	Lúpus, fibromialgia, mal de Alzheimer e leucemia
MAR	Azul	Câncer colorretal
ABR	Verde e Azul	Segurança no trabalho e Autismo
MAI	Amarelo	Prevenção de acidentes de trânsito
JUN	Vermelho e Laranja	Doação de sangue, anemia e leucemia
JUL	Amarelo e Verde	Hepatites virais, câncer ósseo e Câncer de Cabeça e Pescoço
AGO	Dourado	Aleitamento materno
SET	Verde, Vermelho e Amarelo	Prevenção ao suicídio e o setembro Vermelho conscientiza sobre a prevenção de doenças cardiovasculares
OUT	Rosa	Câncer de mama
NOV	Azul e Dourado	Câncer de próstata e diabetes
DEZ	Vermelho e Laranja	HIV, câncer de pele

Fonte: elaborado com base nas campanhas 2021.

A gestão do bem-estar dos colaboradores está (ou pelo menos deveria) na lista de prioridades da área de administração de recursos humanos, pois impacta diretamente os funcionários. Esse é um assunto que já vinha tendo atenção das organizações e, obviamente, do RH, mas a pandemia colocou todos contra a parede e exigiu ações concretas. Podemos afirmar que nos próximos anos a tendência é de que o RH dedique cada vez mais energia à preservação (ou recuperação) da saúde mental e do bem-estar dos empregados.

Nesse sentido, um fator crítico de sucesso para promover de verdade o bem-estar dos empregados de uma organização é propiciar um ambiente de trabalho propício à permanência e ao crescimento profissional de todos os colaboradores, porque as empresas são construídas e levadas adiante por pessoas que se sentem valorizadas e saudáveis.

É preciso reconhecer que passamos a maior parte do nosso tempo trabalhando e que, portanto, o ambiente organizacional afeta direta e profundamente o modo como nos sentimos. E esse ambiente não tem sido nada saudável, tanto que a ansiedade tem sido reportada como o estado emocional mais frequente nas pessoas durante o expediente, o que podemos entender como um forte indicativo de que é demandada a criação urgente de ambientes nos quais as pessoas se sintam seguras psicologicamente para serem elas mesmas e contribuir com suas ideias e competências sem medo de serem felizes, ao mesmo tempo em que o conhecimento e a inovação floresçam no ambiente empresarial.

De nada adianta a luta intensa e aguerrida das organizações por talentos para se tornarem competitivas na atual economia do conhecimento se ao conseguir contratá-los eles não se sentirem seguros, tranquilos e capazes de interagir e falar abertamente no ambiente de trabalho. Essa situação configura um verdadeiro e enorme desperdício de talentos.

A ansiedade, o estresse, o medo de errar, o receio de falar alguma bobagem, bloqueia o espírito criativo das pessoas e libera o instinto humano de ser parte do grupo fazendo as mesmas coisas que os outros fazem e até pensando exatamente da mesma maneira. Esse tipo de comportamento, típico de um ambiente inseguro psicologicamente, sabota o fluxo continuado de ideias, soluções e pensamento crítico que são os insumos necessários para que a inovação frutifique nas empresas.

É nesse contexto que ganha extrema importância a segurança psicológica, que pode ser entendida como um ambiente em que as pessoas se sentem confortáveis para expressarem suas respectivas individualidades por meio de suas dúvidas, ideias, incertezas e opiniões sem medo de julgamentos ou punições, não só de seus pares, mas também e principalmente de seus gestores.

Uma boa experiência dos empregados passa pela certeza de que um colaborador não terá sua voz silenciada nem suas ideias ridicularizadas ou suas contribuições intimidadas e o RH precisa ser o guardião de locais de trabalho que sejam seguros física e psicologicamente, onde as pessoas não tenham medo e sejam empoderadas para ousar, criar e inovar irrestritamente. E, mesmo que nem toda ideia se torne um produto ou serviço de sucesso (é assim que a inovação funciona), a cultura da empresa deve ter como um dos seus valores a segurança psicológica dentro das equipes e da organização como um todo.

Assim como a higiene, saúde e segurança tradicionais garantem aos empregados que podem trabalhar tranquilos e sem medo de ficarem doentes ou sofrerem um acidente, a segurança psicológica estimula o comprometimento e garante um ambiente onde prospera na livre expressão de ideias.

Uma empresa que garante segurança psicológica aos seus colaboradores também propicia aos seus líderes e gestores a confiança necessária para investir na liberação de talentos individuais e coletivos, bem como na criação de ambientes de trabalho saudáveis e produtivos que ajudam a todos a terem sucesso pessoal e profissional impulsionando assim a organização a alcançar seus objetivos e a prosperar no mercado.

Nesse contexto, podemos considerar a segurança psicológica como um dos principais fatores críticos de sucesso para gerar ambientes de trabalho de alto desempenho, onde as pessoas se sintam seguras para aprender, desaprender e reaprender, sem vergonha de compartilhar seus erros e preocupações, pois se sentem confiantes de que não serão humilhadas nem culpadas por falharem, mas serão até valorizadas por propiciarem o aprendizado conjunto e potencializarem a busca pela excelência organizacional.

Verdade seja dita, as empresas dependem de talentos, mas só tê-los na casa não é suficiente, porquanto a única forma de extrair a grande capacidade dos talentos é deixando-os se desenvolverem verdadeiramente em um clima livre de censura e temores, pois o medo reprime a criatividade, o trabalho em equipe e mata a motivação. Com efeito, nas equipes de alto desempenho os membros do time se sentem muito à vontade para levantar ideias difíceis, arriscadas e até controversas, sem o medo de serem repreendidas ou desligadas, o que é muito bom para o espírito empreendedor interno (intraempreendedorismo), a criatividade e a inovação.

Por conseguinte, o RH é o fiel da balança e a alta direção o fiador de empresas nas quais os colaboradores realmente possam compartilhar aprendizados e os erros sejam considerados como oportunidades de aprendizado, de modo a liberar talentos muitas vezes já presentes na organização, mas que se sentem tolhidos pela falta da segurança psicológica. Trata-se realmente de uma quebra de paradigma, de uma nova era na gestão de pessoas que deixam de ser reconhecidas como recursos para serem aceitas como o ativo mais valioso das organizações.

Destarte, estamos diante do momento em que é preciso que o RH se questione sobre o que pode ser feito de imediato em prol da saúde física e mental dos colaboradores, bem como de sua segurança psicológica, porque isso importa muito para que as pessoas se sintam respeitadas e apoiadas e para que a empresa fortaleça sua marca empregadora oferecendo um diferencial de valor inestimável na experiência de seus empregados. Dessa forma, todos os envolvidos saem ganhando com a criação de espaços seguros e ações positivas que fomentam o bom clima organizacional e contribuem com a alta performance dos negócios.

Vale a pena conhecer alguns sintomas que ambientes psicologicamente inseguros apresentam, assim, você poderá identificar esses sinais e imediatamente conversar com a equipe para não deixar o problema se transformar em uma grande obstáculo à integração da equipe e à obtenção de resultados, quais seja: altos índices de absenteísmo ou de presenteísmo (isto é, o empregado está presente, mas não produz); colaboradores evitam participar de reuniões e, quando participam ficam no mais absoluto silêncio; ninguém nunca erra, mas as falhas acontecem e, quando elas surgem, ninguém assume o erro; erros não são discutidos e são escondidos, todos evitam o assunto erro; os gestores sentem receio de que a equipe não fale a verdade ou esconda alguma coisa; nunca surgem novas ideias; ninguém apresenta sugestões; todos na equipe concordam com tudo e ninguém questiona ou levanta dúvidas, dentre outros sinais suspeitos.

Para se evitar chegar ao ponto de esses sintomas se fazerem presentes e prevalecerem na equipe é de fundamental importância o RH estabelecer canais de comunicação diretos e abertos pelos quais os colaboradores possam manifestar sua ansiedade, insatisfações e denúncias de situações vividas ou testemunhadas na empresa sem qualquer receio de represálias.

Mas isso é só o começo, é preciso o RH fazer sua lição de casa (como visto nos capítulos anteriores) e que a alta liderança da organização realmente esteja comprometida com a criação de um ambiente de trabalho seguro em todos os aspectos, e com a sustentação de uma excelente experiência aos empregados, na certeza de que isso trará os resultados sustentáveis esperados.

REFERÊNCIAS

EDMONDSON, Amy C. **A organização sem medo:** criando segurança psicológica no local de trabalho para aprendizado, novação e crescimento: Rio de Janeiro: Alta Books, 2020.

FURTADO, Carla. **Feliciência:** felicidade e trabalho na era da complexidade. São Paulo: Actual, 2022.

HAN, Byung-Chul. **No enxame**: perspectivas do digital. Petrópolis: Vozes, 2018.

GESTÃO E RETENÇÃO DE TALENTOS

Modernamente cabe à Administração de Recursos Humanos, que é uma área específica da Administração, realizar com os líderes e gestores da empresa a gestão de pessoas, mas a gestão de talentos merece uma atenção especial e consiste em estratégias elaboradas a fim de buscar garantir que a organização conseguirá incluir em seus quadros os melhores profissionais do mercado, aqueles que alcançam resultados extraordinários (*top performers*) que realmente fazem a diferença para a organização.

A bem da verdade, este capítulo poderia se resumir a um único parágrafo no qual estaria escrito que a receita para reter talentos seria empreender um esforço sincero e dedicado para pôr em prática tudo o que discutimos até agora. Porém, um verdadeiro talento é joia rara e quando encontrado e contratado deve ter uma atenção especial, afinal não faz nenhum sentido perder algo precioso pelo qual muito esforço, energia e dinheiro foram investidos. Seria até burrice deixar que isso acontecesse.

Por isso, vamos abordar o algo mais que pode fazer toda a diferença, não só para reter os talentos conquistados, mas para mantê-los motivados, engajados e produtivos, ou seja, não permitir que um talento deixe de ser talentoso.

Disponibilizar uma força de trabalho com colaboradores eficientes é o básico do RH que precisa recrutar, selecionar e manter na empresa apenas bons empregados. Mas quando falamos em talentos precisamos incluir na definição a capacidade de aumentar o desempenho de um negócio e esse realmente não pode ser considerado um trabalho fácil, muito pelo contrário, a concorrências por talentos é extremamente aguerrida, logo, estamos falando de formular estratégias específicas para atrair, contratar e reter esses *top performers*. Esse trabalho e atenção especial do RH, porém, valem a pena, uma vez que as vantagens de se praticar a gestão de talentos é altamente compensadora.

Os tempos em que a Administração de Recursos Humanos era composta apenas por processos engessados e burocráticos, restritos principalmente a preencher formulários e garantir o cumprimento de rotinas e normas trabalhistas definitivamente ficou para trás. Agora, como estamos discutindo desde o início deste livro, o RH assumiu um papel muito mais estratégico e com objetivos diversos para sustentar a performance empresarial que vão desde criar e nutrir um ambiente de trabalho saudável até apoiar os colaboradores a terem um excelente desempenho por meio da aplicação integral de suas competências na organização, passando claro pela motivação, engajamento e agregação de talentos à força de trabalho empresarial.

Nesse contexto, a gestão de talentos e suas estratégias visam encontrar, selecionar e reter os melhores talentos, de modo que ela se sustenta em um tripé formado pelos seguintes direcionadores ou objetivos estratégicos.

1º Atrair os melhores candidatos: ações para trazer os talentos profissionais de alto desempenho para as vagas existentes.

2º Selecionar os melhores dos melhores: desenvolver processos seletivos capazes de identificar e escolher realmente os melhores.

3º Reter talentos: práticas de gestão de pessoas para manter os talentos satisfeitos, motivados, engajados e evitar que saiam da empresa.

Existem três eixos principais na gestão de talentos, como dissemos antes. Cada um tem o seu escopo de atuação e as estratégias que melhor resolvem seus desafios, como explicamos a seguir.

Para a organização chegar aos talentos que lhe interessam ela precisa investir em variados canais de comunicação para que os talentos tomem conhecimento que a empresa os está procurando. Além disso, é preciso construir e manter uma excelente imagem de credibilidade da marca empregadora a fim de que os talentos percebam a organização como um excelente lugar trabalhar, que oferece oportunidades de crescimento, remuneração e benefícios adequados para compensar as contribuições dos talentos, bem como ambiente saudável, que permita o equilíbrio entre vida profissional e pessoal.

Uma vez atraídos é preciso selecionar os talentos mais adequados e capacitados a fazerem parte da empresa. Além da tradicional análise curricular e das competências técnicas, é fundamental mapear o perfil comportamental dos candidatos e testar se eles se adaptariam a cultura organizacional. As competências comportamentais, quer queira quer não, influenciam no desempenho dos colaboradores e na dinâmica de funcionamento do time, por isso, em hipótese alguma podem ser ignoradas no processo seletivo. Com esse intuito, pode ser muito positivo investir em tecnologias de gamificação, que ajudam a mapear assertivamente o perfil dos candidatos e, assim, tomar a decisão mais objetivamente.

Verdade seja dita, nenhum efeito terá de contratar os talentos desejados para depois simplesmente deixá-los ir embora, daí a importância de manter o pacote de valor oferecido aos talentos continuamente atualizado e zelar para que a jornada do colaborador sempre seja satisfatória, além de investir em uma série de mecanismos para motivar e engajar os talentos na empresa. Isso passa tanto por oferecer o óbvio como benefícios competitivos, plano de carreira, bônus e incentivos pelos resultados, treinamentos para qualificação. Mas é preciso também estar atento às questões que às vezes não são tão simples de verificar, mas que precisam ser evitadas a todo custo, como assédio sexual e moral.

As opções são infinitas em cada um dos direcionadores, só não pode haver ênfase na reatividade e na burocracia, porque talentos não esperam, se a empresa não for capaz de atuar proativamente e de maneira rápida para satisfazer as necessidades de seus talentos, com certeza os perderá para o mercado.

Implantar a gestão de talentos obviamente começa com o processo de atrair os melhores talentos, logo, tem tudo a ver com a gestão da marca empregadora (*employer branding*) e com a gestão da experiência dos colaboradores (*employee experience*), bem como com a proposta de valor ao empregado (EVP).

Como se vê, as práticas e os processos de RH devem funcionar de maneira holística totalmente integrada e interdependentes. Por isso, as boas empresas também têm boas pessoas e estas são encontradas nas boas empresas. Então é o velho dilema dos salgadinhos do comercial de televisão: "vende mais porque é fresquinho ou é fresquinho porque vende mais?" Assim também acontece com as melhores organizações para se trabalhar: são boas empresas porque têm boas pessoas, ou têm boas pessoas porque são boas empresas?

De fato, o recrutamento e seleção é um processo importante na gestão de talentos porque para se montar boas equipes é preciso atrair e escolher os profissionais que são ao mesmo tempo tecnicamente eficientes, mas também saibam trabalhar muito bem em equipe, de forma harmônica com todos os demais colegas, porque em caso contrário, o clima organizacional se torna tóxico o que consequentemente impede que as pessoas se dediquem de corpo e alma na consecução dos objetivos corporativos.

Nesse caso, o processo seletivo não será efetivo e todo o tempo, dinheiro e recursos investidos (pela empresa e pelos candidatos) terão sido desperdiçados, sem contar que outros resultados de indicadores importantes como rotatividade e absenteísmo poderão piorar. E isto é muito ruim, dado que se um talento falta ou deixa a organização ele ou ela leva consigo toda sua competência, experiência e *expertise*, mas também os investimentos em treinamento e qualificação que foram realizados pela organização. Lembremo-nos de que é realmente impossível substituir tempestiva e completamente um talento de alta performance porque leva tampo para encontrar e contratar ouro e, ainda assim, talentos novatos também levam tempo para chegar ao mesmo nível desempenho e qualidade de quem já vinha executando a tarefa há algum tempo.

Toda a atenção dispensada a um talento se justifica porque são pessoas que ajudam a melhorar os resultados da empresa, quaisquer que forem suas responsabilidades. Eles ou elas podem produzir, arrumar camas, cozinhar, construir prédios, dar aulas, fazer cirurgias, pilotar, atender clientes, inventar vacinas, enfim, qualquer coisa que façam será sempre com qualidade e mais algum diferencial conquista os clientes que pagam as contas da empresa e, por conseguinte, aumentam o desempenho da empresa.

São muitos os desafios para implantar uma gestão de talentos efetiva, primeiramente porque infelizmente não são todas as organizações que têm claramente a importância do papel do RH, ou seja, não dão a devida prioridade aos colaboradores nem à gestão de pessoas. Isso significa não investir nas pessoas nem avaliar os resultados do desempenho e do aprimoramento dos colaboradores.

Ademais, deve-se reconhecer que uma das maiores fraquezas nos processos seletivos é justamente a falta de talentos qualificados que sejam aderentes às vagas em aberto, em outras palavras, contrata-se o melhor dentre os que estão disponíveis e esta é uma situação recorrente, para confirmar basta verificar que muitas empresas simplesmente nem acham alguém para determinadas funções mais especializadas. Em certas ocasiões até se aceita um candidato cujas características não se alinham com os valores e cultura da empresa por pura falta de opções.

Como não há no mercado determinados tipos de profissionais para todas as empresas, a guerra por talentos pode ser traduzida por uma verdadeira batalha entre os RH das empresas e consultorias de RH para tirar talentos uns dos outros, que implica na grande dificuldade para reter os próprios talentos. Como já deve ter ficado evidenciado, o *employee experience* é a estratégia mais importante para reter os talentos da organização. Mesmo com todas estas adversidades, faz parte do rol de atribuições do RH investir e se dedicar à gestão de talentos, pois assim trabalhará em prol da sustentabilidade empresarial.

É obrigatório quando se fala em talentos relembrar que o talento e a competência não têm cor, credo, gênero, idade, religião, país, nem qualquer discriminação, por isso para achar os talentos certos sempre sugiro que as organizações busquem novos caminhos e escapem da armadilha de sempre contratar mais do mesmo, porque atrair candidatos com perfil de diversidade costuma trazer excelentes profissionais.

Mas esses talentos muitas vezes estão praticamente escondidos, então a primeira coisa a fazer é mapear comunidades que dialogam com o tema da diversidade para fazer *networking* e abrir diálogo com pessoas que transitam bem na diversidade para aproximar-se dessa realidade. Outra forma de iniciar uma busca por talentos na diversidade é recorrer às pessoas que já são referência nesse tema, frequentar eventos que promovam a diversidade e pedir indicações de profissionais que tenham perfis e competências de interesse da empresa.

Um programa interno de indicações sempre dá bons resultados para trazer gente boa para a organização, então pode usar um programa desse tipo para focar na diversidade por meio de campanhas para incentivar os próprios colaboradores atuais a participarem e se engajarem realizando indicações.

A própria forma de comunicação de uma vaga em aberto, muitas vezes já tem um preconceito embutido ("queremos um gerente", por exemplo, pode excluir inadvertidamente mulheres extremamente talentosas), por isso, para abrir o leque na busca por talentos é preciso adequar a comunicação, o que tem se mostrado uma prática absolutamente necessária para realizar um processo de recrutamento e seleção mais inclusivo e que amplie as chances de encontrar talentos diversificados.

Esse cuidado com a comunicação do qual estou falando, deve ser prioridade na hora de redigir um texto ou uma peça de divulgação das vagas, porque detalhes como utilizar linguagem inclusiva ao longo de todo o processo seletivo e incluir intérpretes de libras nas divulgações audiovisuais, por exemplo, ajudam muito a ampliar a busca por talentos. Na verdade, o objetivo da comunicação de uma vaga em aberto, idealmente deve ser garantir a acessibilidade de todos os grupos de diversidade.

Atualmente, devido à escassez de profissionais da área de tecnologia, muitos RH já estão adaptando a linguagem para se tornar mais neutra por pura necessidade. Então se antes era comum encontrarmos vagas anunciando "precisamos urgente de engenheiros mecatrônicos", atualmente já evoluímos um pouco e não é mais difícil encontrar anúncios pedindo "precisamos urgente de pessoas engenheiras de software". Quem ganha com isso é a própria empresa que tem a chance de preencher mais rapidamente e com mais assertividade sua vaga.

Nesse contexto, faz todo o sentido também, nas imagens que ilustram a vaga usar bancos de imagem com pessoas que ilustrem a diversidade, podem até ser pessoas da própria empresa, o que dá mais credibilidade à chamada e cria uma imediata conexão entre as pessoas candidatas e a organização. A ideia aqui é explicitar que a empresa não tem qualquer tipo de preconceito com relação à diversidade dos talentos que procura.

Não se pode deixar de mencionar que os vieses inconscientes estão por aí e, muitas vezes, justamente por serem inconscientes, somos traídos pelos nossos preconceitos mais profundos. Sempre recomendo a revisar todos os formulários de inscrição físicos ou eletrônicos, pois invariavelmente encontramos melhorias a serem realizadas no sentido de deixá-los mais inclusivos e menos discriminatórios. Para tanto, elimine tudo que for supérfluo, deixe-os o mais objetivos possível, pedindo apenas e somente as informações realmente essenciais para que a pessoa seja avaliada em relação à vaga. Não tenha receio de permitir que desde o início do processo, já no primeiro contato se a pessoa quiser, que ela seja reconhecida por meio de seu nome social, que é a maneira como as pessoas se nomeiam e se expressam.

Outra boa prática que vem demonstrando muito sucesso e que pode ser adotada rapidamente é realização do que chamamos de entrevistas às cegas, ou seja, sem que o entrevistador veja o candidato, o que permite evitar preconceitos inconscientes influenciarem no processo de avaliação. Muitas pessoas afirmam se sentirem mais confortáveis com este tipo de entrevista, pois, segundo alegam, conseguem se sentir mais confortáveis, tranquilos e seguros, podendo assim mostrar quem verdadeiramente são durante a entrevista.

Muitos candidatos hoje procuram organizações mais abertas à diversidade e alguns até chegam a recusar ofertas, quando podem escolher, de empresas adversas à inclusão. Outros nem mesmo consideram em suas buscas por vagas empresas que

considiram não inclusivas. Nesse universo podem estar justamente o talento que a organização necessita.

Nesse sentido, não custa reforçar que discurso sem a prática é vazio, isto é, não adianta fazer uso de canais e estratégias
para atrair talentos de grupos de pessoas de diversidade, se a
empresa realmente não oferece uma cultura verdadeiramente
receptiva e acolhedora que valoriza a pluralidade e oferece o
necessário apoio para as suas equipes. Isto porque todo o time
precisa estar comprometido com o acolhimento e o desenvolvimento dos colegas, assim, é positivo que o RH fomente e ele
próprio adote ações e práticas voltadas para esses grupos, sendo uma boa alternativa a criação de comitês de diversidade, por
exemplo, obras de acessibilidade na estrutura organizacional,
realização de eventos de conscientização e de celebração da diversidade, para solidificar a cultura inclusiva.

Se a atração de talentos é um dos maiores desafios para
o RH das organizações atualmente, a retenção deles não fica
atrás e esta não pode ficar em segundo plano, porque talento
chama talento, assim, todo esforço para assegurar o interesse
dos talentos a ingressarem nas empresas quanto de fazê-los
permanecerem na empresa, são plenamente justificados.

Ademais, adotar práticas e políticas que ponham os colaboradores no centro do negócio constitui-se em uma ótima estratégia para oferecer boas experiências aos seus profissionais
o que ajuda na gestão de talentos, a qual exige muito esforço
da organização.

Nesse sentido, a cultura organizacional de uma empresa
fala muito sobre a capacidade de a empresa fazer uma gestão
efetiva de seus talentos, a começar por sua missão, visão e valores, afinal, sem saber onde se deseja chegar, de que forma e
como alcançar os objetivos não há como conseguir o comprometimento dos colaboradores. Nesse caso, a cultura forte deve

se traduzir em práticas que façam as pessoas se sentirem valorizadas e terem o empenho reconhecido, porque se os talentos mostram desempenho diferenciado, as práticas de recompensá-los também precisam ser.

Outrossim, a organização precisa ter muito claramente definido o perfil do talento que necessita para compor os seus times, com alinhamento à cultura e objetivos, porque isso é uma premissa que vale para todos na organização.

Por mais que uma pessoa seja um talento, o treinamento e desenvolvimento sempre serão necessários para desenvolver as competências, manter os talentos atualizados e prepará-los para assumir posições e funções futuras na empresa, afinal o ideal é manter os bons profissionais por muito tempo na força de trabalho, até para fazer valer o investimento realizado para conseguir inclui-los no time.

De fato, é obrigatório mostrar o quanto a organização se importa com a evolução dos seus talentos, cujo crescimento deve ser acompanhado de excelentes práticas de incentivos e de *feedbacks* construtivos, assim, conhecer cada talento, suas aspirações e expectativa é umas das práticas mais relevantes na gestão de talentos.

Como se vê, a gestão de talentos não é uma tarefa fácil, porque as pessoas e ainda mais os talentos, só entram e permanecem nas organizações oferecendo o seu melhor, quando sentem que seus objetivos pessoais estão sendo atendidos plenamente na medida em que a empresa também atinge os dela.

REFERÊNCIAS

CHIAVENATO, Idalberto. **Gestão de pessoas:** o novo papel da gestão do talento humano. São Paulo, Atlas, 2020.

LOTZ, Erika Gisele; GRAMMS, Erika Gisele. **Gestão de talentos.** Curitiba, InterSaberes, 2012.

GESTÃO POR INDICADORES: OKR E KPI NA GESTÃO DE PESSOAS

Há uma máxima que diz não se gerencia o que não se mede e outra que afirma: diz-me como me medes e dir-te-ei como me comporto. Em outras palavras, é preciso medir, isto é, ter indicadores para se fazer gestão.

Chamamos de indicador a uma informação qualitativa ou quantitativa, ou que exprime o desempenho de um processo e que nos permite acompanhar seu desempenho ao longo do tempo. São exemplos de indicadores: consumo de combustível, inadimplência, lucratividade, produtividade, rentabilidade, retorno sobre investimento – ROI, satisfação de clientes, dentre outros.

Dentre os principais benefícios do uso de indicadores na gestão é que eles permitem fazer várias comparações internas em relação ao que foi planejado e o que foi executado, e comparações externas com outras empresas e processos. Além do mais, podemos usar os indicadores para verificar se estamos cumprindo os compromissos assumidos, se estamos atingindo as metas de desempenho. Também podemos traçar séries históricas para identificar tendências e até usá-los como um referencial de desempenho a ser alcançado.

É importante ressaltar que não basta ter indicadores, é preciso certificar-se de que os indicadores escolhidos para fazer gestão devem medir o que realmente se propõem a mensurar. Digo isso porque as pessoas caem na armadilha de medir o que é fácil ao invés de medir o que é realmente necessário e importante para a empresa.

Assim, a definição e acompanhamento de indicadores chave para as empresas se constitui em um grande desafio para elas, na verdade, para todas as áreas das organizações e no RH isso não é diferente às vezes é até pior, pois não tem tradição em agir dessa maneira.

O que torna a gestão por indicadores uma metodologia tão efetiva é que se trata de uma abordagem simples e focada na eficiência que define prazos curtos para cada objetivo e resultados, além de priorizar os objetivos em um conjunto sucinto para cada período, com metas de valores mínimos a serem atingidos. Dessa forma, a gestão por indicadores consegue fazer com que organizações e seus colaboradores tenham um direcionamento claro, não só em termos de o que fazer, mas também de quais resultados buscar.

Nesse sentido, existem dois conceitos que precisamos compreender muito bem, que são os OKR (*Objectives and Key Results* em inglês ou Objetivos e Resultados-Chave em português) e os KPI (*Key Performance Indicators*), ou Indicadores Chave de desempenho. Fazer gestão por indicadores significa empregar OKR e KPI que são uma verdadeira mudança cultural na empresa e de mentalidade nos gestores e empregados.

Gerir e trabalhar com indicadores tem um histórico de sucesso e resultados em muitas organizações, com destaque para as de tecnologia, tais como as gigantes do Vale do Silício na Califórnia/EUA, como a Google e a Intel, dentre outras, e que são consideradas as primeiras a usarem OKR e KPI no dia a dia do trabalho. Não é preciso dizer que elas são empresas classe mundial, verdadeiros *benchmarks* de crescimento e sucesso. Vamos conhecer cada um deles melhor, pois é muito comum encontrar pessoas que confundem os dois e até acham que são a mesmas coisas, mas não são.

- OKR: começamos pelos OKR, afinal a lição inicial para se administrar por indicadores é a de que objetivos *first*, isto é, primeiro os objetivos depois o resto. Tendo-se em vista os objetivos, podemos estabelecer os resultados que demonstram que estamos avançamos na direção certa e nos aproximando de nossos objetivos.

- KPI: no caso dos KPI a primeira lição é que se deve monitorar poucos indicadores, mas que sejam essenciais a fim de que a empresa possa investir seu dinheiro, recursos e tempo no que realmente vai fazer a diferença para alcançar os resultados.

A grande sacada e muita gente erra nela, é que OKR (primeiro de tudo) e KPI estejam perfeitamente alinhados, ou seja, que todos os KPI contribuam para o alcance dos objetivos. Se os OKR são os macros objetivos estratégicos com resultados um pouco mais de longo prazo, os KPI são os indicadores que medem o que deve ser melhorado, ou seja, definem-se metas para cada objetivo e resultado-chave e se medem essas metas com os KPI.

Vamos a um exemplo, imagine que a sua empresa tem como um dos OKR do RH se tornar uma referência em *employer branding* e a estratégia é duplicar em um ano o seu capital humano com os talentos e competências requeridas para executar seu plano de expansão dos negócios.

Ela pode então, para atingir seu objetivo-chave ser referência com 85% de reputação positiva, considerar como KPI o tempo médio para contratação que envolve todo o processo, desde a divulgação da vaga até a assinatura do contrato de trabalho e a qualidade dos talentos contratados que pode ser medida, por exemplo, por meio das avaliações de desempenho para mensurar o nível de produtividade e de entrega dos novos contratados, pois quanto maiores os resultados, melhor será a qualidade dos talentos.

Com os OKR estabelecidos, é possível encontrar os KPI nos quais as áreas da empresa precisam melhorar e assim todos seguem alinhados e contribuindo com a realização da estratégia empresarial. Também podemos pensar que os OKR são indicadores de resultados e que os KPI são indicadores de esforços capazes de ajudar a construir os resultados esperados. Assim, embora haja muitas empresas que usam apenas OKR e outras que usam apenas KPI com excelentes frutos, acredito que o uso de ambos em um sistema de indicadores bem estruturado trará ainda mais benefícios à organização.

Destarte um RH realmente estratégico é aquele que mensura seus KPI com a finalidade de obter resultados chave da empresa, uma vez que o controle por indicadores facilita a identificação da eficiência dos processos e a evolução da estratégia. Uma consideração importante é que todo indicador deve ter uma meta, isto é, um valor que deve ser atingido em determinado período e um responsável por seu acompanhamento e controle.

Sempre que houver um gap ou lacuna de desempenho, ou seja, uma diferença negativa entre o valor atual do indicador e a meta, o gestor deve descobrir a causa e implementar rapidamente as ações corretivas visando reduzir o gap ou superar a meta.

Existem alguns indicadores que são tradicionais no RH e não podem deixar de fazer parte da cesta de indicadores da área de gestão de pessoas, ou seja, são indicadores chave (KPI). Vamos apresentar, ainda que rapidamente, os principais deles.

Talvez o mais famoso deles é o que denominamos *turnover* ou taxa de rotatividade, que é percentual (%) de colaboradores que saem da empresa durante um período (geralmente um ano), e por conseguinte demanda a entrada de novos empregados para substituí-los. É importante mencionar que há dois tipos de rotatividade.

- Voluntária: é causada pelo desligamento decidido pelo próprio colaborador, ou seja, é ele ou ela quem se demite.

- Involuntário: é causado por decisão da empresa em demitir o colaborador.

Há várias maneiras de se mensurar o turnover, embora a lógica seja sempre a mesma, e a empresa deve definir a que faz mais sentido para ela de acordo com seus OKR. A título de exemplo, apresentamos algumas maneiras de calcular o *turnover* (T).

A) T = (Admissões mensais + desligamentos mensais ÷ total de funcionários) X 100.

B) T = (Número de demissões e desligamentos ÷ número de colaboradores ativos no último dia do mês anterior) X 100.

C) T = (Colaboradores demitidos + colaboradores contratados para substituição ÷ 2) X 100.

D) T = [(nº admitidos + nº demitidos) ÷ 2] ÷ número total de colaboradores.

É importante frisar que o objetivo não é obter 0% de rotatividade, isto é, 100% de retenção, pois existe um ciclo natural da jornada do empregado dentro da organização e, às vezes, a própria empresa tem uma estratégia de renovação da equipe que exige desligamentos, ademais, uma rotatividade baixa demais ou inexistente por longo período pode causar estagnação na empresa e até bloquear mudanças e inovações.

Por outro lado, um alto índice de rotatividade tem impactos fortemente negativos nas empresas e, por isso, é tão importante a gestão por indicadores, pois sempre que há algum descompasso nos resultados, rapidamente a organização adota ações corretivas. Abaixo elencamos alguns transtornos causado pelo alto *turnover*.

- Aumento de gastos: com rescisões, recrutamentos, treinamentos e *onboarding*.

- Imagem da empresa: afeta não só a marca empregadora, mas também como ela é vista pelas demais partes interessadas (clientes, investidores, governo, sociedade etc.).

- Impacto financeiro: varia muito, porém, se estima que o desligamento de cada colaborador gere um custo correspondente que equivale a até um ano do seu trabalho.

- Produtividade: cai porque tem menos pessoas experientes para darem conta da tarefa e, além disso, os novatos precisam que os mais antigos dediquem parte de seu tempo explicando as tarefas e rotinas.

- Sobrecarga de tarefas: quem fica tem que trabalhar mais para compensar saída dos colegas.

- Perda de talentos: talvez o mais grave seja que esses talentos podem ir para a concorrência, mas indica também que as pessoas não estão sendo aproveitadas nem desenvolvidas a contento.

Por causa do impacto que as ausências causam na produção, o absenteísmo no trabalho é outro dos principais indicadores de RH utilizados. O índice de absenteísmo visa mensurar e acompanhar as ausências no trabalho que ocorrem rotineiramente nas organizações, quer seja por doenças, problemas pessoais etc. as quais podem ser justificadas ou injustificadas, lembrando que as férias regulamentares não são consideradas absenteísmo.

Cada empresa tem sua maneira de calcular o absenteísmo, algumas consideram até os minutos de atraso como absenteísmo, outras apenas os dias não trabalhados, outras ainda apenas as faltas injustificadas. É bem comum não considerar as ausências previstas e legais, que não impactam no recebimento do salário, ou seja, não cabem desconto nos proventos, não sejam considerados para cálculo do absenteísmo, tais como folgas, abonos e licenças prêmio.

De forma mais abrangente o absenteísmo pode ser calculado pela razão (divisão) entre a soma de todos os períodos de ausência de todos os colaboradores da empresa e o total da carga de trabalho prevista no período. O índice de absenteísmo por si só não tem muita utilidade requerendo a averiguação das causas e motivos que levaram às ausências no trabalho.

Você já deve ter percebido que as possibilidades de indicadores de gestão na área de RH são infinitas, tais como: tempo de preenchimento de vagas, horas de treinamento, clima organizacional, quantidade de acidentes, quantidade de empregados (*headcount*), vagas preenchidas no prazo, reclamações trabalhistas, tempo de empresa, custo dos benefícios, valor da folha de pagamento etc.

O que sugiro é que cada processo possua tantos indicadores quantos forem necessários para garantirem sua efetiva gestão. Esses indicadores podem ser desdobrados múltiplas vezes até se atingir o grau de controle necessário. Por exemplo, podemos acompanhar acidentes de trabalho por quantidade, por gravidade, por localização, por frequência e por aí vai. Conheço uma empresa que tem um indicador de ausências no trabalho desdobrado em mais de cem motivos. Enfim, cada caso é um caso, mas é sempre recomendável que de uma miríade de indicadores cada processo tenha pelo menos um e não mais que três KPI, do contrário, pode-se perder o foco no que é fundamental.

Não obstante, o RH já pode contar com um grande aliado para fazer a gestão por indicadores e entender o porquê de cada resultado indo fundo na análise crítica das causas e tomar decisões com muito maior qualidade e assertividade. Trata-se do *People Analytics*, uma ferramenta tecnológica que está revolucionando o RH e auxiliando organizações e gestores a fazerem escolhas mais eficientes e eficazes quanto ao futuro dos colaboradores e do próprio negócio.

De fato, há algum tempo a área de RH vem utilizando planilhas e aplicativos aqui e ali para tratar dados e produzir informações, principalmente para fazer apresentações às outras áreas da empresa e à alta liderança, mas isso, com o tempo, mostrou-se tanto ineficiente como insuficiente diante da importância estratégica do RH e das pessoas para o sucesso dos negócios. Isso levantou a necessidade de contar com softwares específicos para o RH facilitando a administração dos processos de gestão de pessoas.

A verdade é que hoje as organizações já não são mais avaliadas pelo seu tamanho, mas pela tecnologia que as impulsiona. Elas podem se tornar líderes em inovação e adaptarem-se facilmente às expectativas de seus clientes, integrando os seus processos e usando dados para o planejamento de estratégias no que se chama de gestão *data driven*, ou seja, utilizando uma enorme quantidade de dados capturados e guardados em gigantescos arquivos eletrônicos de dados, os *Big Datas*, para oferecer aos seus clientes exatamente o que eles precisam e nem sabem ainda.

No RH essa tecnologia permite levantar e analisar uma quantidade enorme de dados sobre os colaboradores e assim entender o perfil e o comportamento de cada um deles, possibilitando a criação de ações para oferecer uma experiência melhor aos empregados, promover o engajamento e aumentar os resultados. Afinal, não estamos tratando de gerar impacto positivo apenas para o RH, mas para o negócio e para as pessoas simultaneamente.

O *Big Data*, isto é, dados em grande quantidade e enorme variedade que são disponibilizados em volumes e velocidade cada vez maiores, tem feito maravilhas pelos negócios e com certeza fará ainda mais pela gestão de pessoas. É perfeitamente crível que a inovação daqui por diante estará vinculada ao aproveitamento inteligente dos dados para impulsionar e otimizar a gestão organizacional. Particularmente em relação ao *People Analytics*, o *Big Data* é fundamental para fornecer *insights* em tempo real para o RH maximizar o valor dos seus processos potencializando assim as experiências dos empregados.

O retorno sobre o investimento (ROI na sigla em inglês) em *People Analytics* é facilmente demonstrado pela economia de esforços no processo de recrutamento e seleção concomitantemente com a redução no tempo de preenchimento e reposição de vagas. Os ganhos são cristalinos em todos os demais processos desde a conexão proativa dos colaboradores às oportunidades de crescimento na carreira até a redução ou eliminação de vieses nas avaliações de desempenho e nos processos seletivos.

As organizações que já investem em *employer branding* e *employer experience*, têm no *People Analytics* a ferramenta ideal de medição das experiências dos colaboradores coletando e analisando informações continuamente, acabando com aquelas pesquisas anuais e burocráticas de clima organizacional e de engajamento. Tais pesquisas perdem totalmente o sentido a partir do momento em que podemos captar diariamente as emoções, sentimentos e percepções dos empregados sobre suas respectivas jornadas na empresa.

É fato que o cenário competitivo atual impõe às organizações medidas mais rápidas e frequentes sobre as opiniões tanto de seus clientes como dos seus colaboradores e, aquelas que não conseguem ouvir suas partes interessadas e agir sobre as informações recebidas deles com a velocidade necessária, serão abandonadas. Para quem ainda não começou a gerir seu RH com base em dados, não é difícil começar e, de forma geral, podemos identificar quatro estágios de maturidade da implantação do *People Analytics*.

1º Estágio é iniciante: coletar dados, nesse sentido, podemos arriscar que todos os RH estão ou já passaram por esse estágio, afinal, lançar dados em uma planilha Excel e manter os arquivos de pessoal, não deixam de ser formas de coletar de dados.

2º Estágio é básico: a construção de métricas e indicadores que discutimos na primeira parte deste capítulo.

3º Estágio é intermediário: quando já se tem uma boa base de dados automatizada e ferramentas estatísticas robustas que conseguem correlacionar todos os dados disponíveis.

4º Estágio é avançado: trabalha com *big data* e inteligência artificial na coleta, tratamento e análise contínua de dados abrangentes.

Os avanços tecnológicos estão disponíveis para facilitar e potencializar a atuação do RH a fim de identificar tendências, tornar a coleta de informações mais ágil e eficiente e apoiar a tomada de decisões, cabendo à equipe de gestão de pessoas definir como os dados serão utilizados e transformados em informações úteis. Outrossim, ela garante maior previsibilidade impactando a otimização de custos e a economia de recursos, sendo, portanto, o *People Analytics* é uma ferramenta imprescindível para as organizações alcançarem suas metas mais rapidamente e com segurança.

É importante reforçar que o objetivo do *People Analytics*, assim como de qualquer ferramenta analítica, é apoiar a gestão, isto é, a avaliação humana continua sendo necessária, uma vez que não cabe, ou não se deve deixar as decisões serem tomadas automaticamente. A inestimável contribuição da ferramenta está em sua poderosa capacidade de análise, conforme abaixo.

- Análise Diagnóstica que analisa o que aconteceu.
- Análise Descritiva que é a análise do que está acontecendo.
- Análise Preditiva que é a análise do que vai acontecer.
- Análise Prescritiva que é a análise do que pode acontecer se determinada decisão for tomada.

Quem trabalha com planejamento estratégico ou já está acostumado a realizar análises estatísticas não se assusta com o poder dos dados, mas para o RH realmente tem sido uma mudança radical trabalhar com o *analytics* e inteligência artificial, a revolução está apenas começando.

Por fim, há uma que questão extremamente delicada e que merece muita atenção e cuidado, pois quem tem informação tem poder e qualquer dado coletado dos colaboradores pode ser usado para o bem ou para o mal. Destarte, não obstante, as recentes leis de proteção de dados (aqui no Brasil é a LGPD – Lei Geral de Proteção de Dados Pessoais – Lei nº 13.709/2018), as organizações antes mesmo de começarem a usar o *People Analytics* devem criar rigorosos códigos de ética e de conduta mais abrangentes e específicos que a legislação, a fim de preservar os interesses de seus colaboradores e se salvaguardarem de possíveis processos na esfera judicial, bem como danos à sua imagem.

REFERÊNCIAS

ASSIS, Marcelino Tadeu de. **Indicadores de recursos humanos:** usando indicadores demográficos, financeiros e de processos na gestão do capital humano. Rio de Janeiro: Qualitymark, 2011.

CAMILO, Juliana Aparecida de Oliveira; CRUZ, Myrt Thânia de Souza (orgs.). **Gestão de pessoas:** diálogos multidisciplinares. Curitiba: CRV, 2022. (p. 33-47). ISBN Digital: 978-65-251-1753-0; ISBN Físico: 978-65-251-1757-7; DOI 10.24824/9786652511757.7

CAMILO, Juliana; FORTIM, Ivelise; CRUZ, Myrt Thânia de Souza. **Gestão de pessoas:** práticas de recrutamento e seleção por competências. São Paulo: SENAC, 2018.

CRUZ, Myrt Thânia de Souza; BARROS NETO, João Pinheiro de (orgs.). **Impactos da inteligência artificial na gestão de pessoas.** São Paulo: Tiki Books, 2020

FRANCISCHINI, Andresa S. N.; FRANCISCHINI, Paulino G. **Indicadores de desempenho**: dos objetivos à ação, métodos para elaborar KPI e obter resultados. Rio de Janeiro: Alta Books, 2017.

HERRERO FILHO, Emilio. **Os OKR e as métricas exponenciais:** a gestão ágil da estratégia na era digital. Rio de Janeiro: Alta Books, 2021.

ISSON, Jean Paul. HARRIOT, Jesse S. **People Analytics in the era of big data:** changing the way you attract, acquire, develop, and retain talent. Hoboken: Wiley, 2016.

WEST, Mike. **People Analytics para leigos**. Rio de Janeiro: Alta Books, 2020.

CONCLUSÃO

Ao concluir a leitura deste livro o leitor pode se perguntar por que não se tratou de sanções e punições, normas e regulamentos de pessoal. A resposta é que esta obra é sobre gestão de pessoas e não sobre administração de pessoal. Não que esses temas e rotinas não sejam importantes, apenas aqui não é o lugar deles.

A premissa expressa em todos os capítulos é que o ser humano é, de maneira geral, um ser que trabalha porque tomou essa decisão conscientemente, do contrário não procuraria vagas e oportunidades de trabalho honesto e lícito, simplesmente buscaria outras opções de sobrevivência nesse mundo enorme e cheio de oportunidades.

A partir do momento em que alguém vai até uma empresa e se dispõe a trocar seu trabalho por algum tipo de recompensa, cabe à organização que o aceitou garantir que esse colaborador não se arrependa da escolha que fez e continue motivado a disponibilizar e entregar o seu melhor.

Por outro lado, se uma empresa chega à conclusão que contratou alguém errado que não deveria estar lá e que esse colaborador precisa de supervisão cerrada para trabalhar e de sanções para conseguir fazer as entregas combinadas, é porque houve um erro grave: ou a empresa enganou aquela pessoa ou ela enganou a empresa que o contratou. Um bom processo seletivo e um período de experiência levado a sério deveriam reduzir praticamente a zero a possibilidade de acontecer um erro dessa natureza.

Por isso, as práticas e processos discutidos nas páginas anteriores interessam ao RH e aos gestores de pessoas que levam seus próprios trabalhos suficientemente a sério para buscar nos empregados o que cada um tem de melhor e não de pior. As pessoas normalmente se comportam de acordo com o tratamento que recebem e com as expectativas que temos delas. Quanto a isso, é muito baixa a porcentagem dos que não agem dessa forma.

Assim, uma organização que trata as pessoas como elas próprias gostariam de ser tratadas e criam um ambiente que promove o trabalho em equipe, a confiança, a autonomia, a busca de propósitos comuns e recompensa as contribuições que recebe de sua força de trabalho de maneira justa e com equidade, dificilmente se decepcionará com seus colaboradores.

Do lado dos profissionais de gestão de pessoas, ler, gerir e tomar decisões baseadas em dados já se tornou uma competência essencial, isso porque a capacidade de lidar com dados aumenta a produtividade, melhora a eficácia dos processos e entregas do RH e eleva a qualidade da experiência dos empregados.

De fato, o RH mais que nunca deve se conectar com o que acontece dentro e fora da empresa, a adoção de métodos ágeis, por exemplo, pode ser uma prática que ajuda a aprimorar processos e priorizar projetos de acordo com as expectativas e necessidades das pessoas, causando forte impacto positivo no *employer branding*, por conseguinte, no negócio e nos clientes externos.

O RH precisa entender o negócio da empresa tão bem quanto as demais áreas para então buscar bases de dados dos colaboradores (arquivos, documentos, relatórios, histórico de desempenho, e-mails etc.) e, por meio de ferramentas de *analytics*, identificar ações de gestão de pessoas que auxiliem a organização no cumprimento das metas.

No contexto atual em que a disputa por talentos escassos está acirrada, especialmente na área de tecnologia e de profissionais com *tech skills* (letramento digital), ganham as organizações cujo RH entende e consegue balancear as necessidades e expectativas individuais com resultados tangíveis para todas as partes interessadas.

De fato, todas as empresas irão em um futuro não muito distante, voltarem-se para a tecnologia e informação. Daqui para a frente as organizações continuarão a ter produtos e serviços finais, porém, utilizarão progressivamente mais tecnologia e inteligência artificial e o poder dos dados. É isso que as *startups* e as empresas vencedoras têm em comum, afinal, quem ousaria dizer que a Tesla é uma montadora de automóveis ou que a Uber é uma empresa de transporte apenas? Na realidade, são empresas de tecnologia e pessoas talentosas, baseadas no capital humano e com um propósito de manter uma relação saudável entre a organização e suas partes interessadas, incluindo meio ambiente.

É por isso, não custa lembrar, que os verdadeiros talentos conquistaram mais poder de barganha sobre recompensas, benefícios, modalidade de trabalho e até jornada de trabalho. Embora no Brasil isto não seja ainda muito perceptível (estamos sempre saindo de uma crise para entrar em outra), basta procurar saber um pouco sobre o movimento que ficou conhecido como *Great Resignation* em que os trabalhadores norte-americanos pedem demissão aos montes por não quererem mais trabalhar em organizações que não souberam evoluir e melhorar suas práticas de gestão de pessoas após o retorno ao trabalho presencial pós-pandemia de Covid-19.

Portanto, cada vez mais os profissionais de RH serão cobrados por acompanhar as tendências de mercado e atuar para manter as pessoas capacitadas a auxiliarem o crescimento dos negócios da empresa, sem descuidar dos impactos das mudanças na cultura organizacional e no dia a dia dos colaboradores, criando oportunidades para que os empregados explorem seus talentos e interesses individuais e gerem valor para o negócio.

Para os gestores de pessoas, a adaptabilidade, continua sendo é uma das competências mais importantes, mas ela sozinha não é suficiente, é preciso também resiliência, inteligência emocional e comunicação para ajudar os liderados a entender suas emoções e talentos.

O importante, em qualquer situação, é garantir uma boa experiência aos colaboradores e se lembrar de estar sempre aprendendo para não se tornar obsoleto e capaz de entender o contexto e o mundo à sua volta.

193